Abt Odilo Lechner
Winfried Nonhoff

Wozu sind wir auf Erden?

Bibliographische Information der Deutschen Nationalbibliothek
Die Deutsche Nationalbibliothek verzeichnet diese Publikation in der Deutschen Nationalbibliographie. Detaillierte bibliographische Daten sind im Internet über http://dnb.d-nb.de abrufbar.

FSC
www.fsc.org
MIX
Papier aus verantwortungsvollen Quellen
FSC® C014889

1. Auflage 2016

Lektorat: Marlene Fritsch
Gestaltung und Umschlagbild: Matthias E. Gahr
Druck und Bindung: Pustet, Regensburg
ISBN 978-3-7365-0012-9

www.vier-tuerme-verlag.de

Abt Odilo Lechner
Winfried Nonhoff

Wozu sind wir auf Erden?

Die große Frage nach dem Sinn des Lebens

Vier-Türme-Verlag

Wozu sind wir auf Erden?

Briefe sind eine Form der Zuwendung, die vieles zu sagen erlaubt, ohne den jeweiligen Briefpartner allzu sehr festzulegen, zu Stellungnahmen zu zwingen oder überhaupt zu schnell herauszufordern. Briefe lassen Zeit und schenken Freiheit. Sie rufen nach Gespräch, ohne dass dessen Inhalte preisgegeben werden müssten. Deswegen antworten sie auch nicht zwanghaft auf jedes Detail. Denn Briefe und Briefschreiber wissen davon, dass immer noch mehr zu sagen wäre. Doch werden in Briefen, natürlich gerade dann, wenn an deren Veröffentlichung gedacht ist, Formulierungen sorgsam abgewogen. Das kommt dem Schärfen der Gedanken zugute.

Wir Autoren haben uns durch eine uralte Frage, vielleicht sogar die Frage aller Fragen reizen lassen. Nach den Erfahrungen mit unserem ersten Briefe-Buch (*Wohin gehen wir? Gedanken über Leben und*

Tod, 2013) spürten wir, dass auch diesmal – gerade bei der großen Frage nach dem Wozu unseres Lebens – Briefe zu schreiben die uns adäquate Form ist, etwas persönlich Stimmiges, respektvoll Achtsames und andere Menschen Einbeziehendes zu äußern.

Briefe gerade zu diesem Thema zu schreiben, zu ordnen und zu veröffentlichen, heißt für uns von vorneherein, um Ergänzung, Austausch und weiterführende Nachdenklichkeit von Ihrer Seite, liebe Leserin und lieber Leser, zu bitten. Fragmente nur liegen vor. Wir haben sie geprüft und dann auch für andere als genügend reich an Impulsen empfunden.

Was können wir schon wirklich »wissen«, wenn die Frage nach dem Wozu unseres Lebens gestellt wird? Welche Art von Wissen taugt zur Beantwortung dieser Frage, wenn dies überhaupt möglich ist? Nicht zuletzt zieht sich diese Suche durch unseren Briefwechsel. Vielleicht wird er auch Ihnen zum Anstoß, den eigenen Lebens-Text anzuschauen oder zu verschriftlichen? Leben also ließ uns diese Briefe schreiben. Und: Fragliches Dasein ganz generell kann Briefe entstehen, Nachdenklichkeiten festhalten und nach Partnerinnen und Partnern im gleichen Fraglichkeitsboot Ausschau halten lassen. Das kann gelingen – uns jedenfalls, das halten wir dankbar fest, hat dieser Austausch Freude gemacht. Er hat uns klarer sehen lassen: vieles, was wir nicht wissen, nicht aussprechen können, vielleicht manchmal ahnen und mehr und mehr erhoffen.

Odilo Lechner
Winfried Nonhoff

1

Lieber Abt Odilo,

auf was habe ich mich da eingelassen! Natürlich beschäftigen mich Fragen und Antworten zum Lebensproblem »Wozu sind wir auf Erden?«. Fast möchte man aber angesichts der Unzahl weitreichender Gedanken dazu in Ehrfurcht erstarren. Gravierender noch ist, dass die gesellschaftlich-geistigen Einwurzelungen und geschichtlich bedingten Veränderungen unseres gemeinsamen Briefthemas so unendlich scheinen, dass mir der Mut, da heranzugehen, immer wieder wegsackt.

Versuchte ich also von vorneherein vergeblich – entsprechende Kenntnisse übermütig behauptend –, in meinen Briefen an Dich auch nur annähernd den Entwürfen aus Philosophie, Soziologie, Psychologie und Theologie gerecht werden zu wollen, dann wäre mit dem nächsten Satzzeichen unser Unternehmen beendet.

Was mir dagegen im Augenblick möglich erscheint, ist, ins eigene Leben hineinzuhorchen. Und auch diese Stimmen, die ich da von Zeit zu Zeit höre, sind geprägt von Traditionen, in denen ich mich bewege – bewusst oder unbewusst –, von Lebensentscheidungen und ihren gedanklichen und seelischen Einrahmungen. Von anderen Bedachtes, mir Eingepflanztes schwingt also immer mit.

Wäre das ein sinnvoller Ansatz, dass wir versuchen, uns dem großen Wozu über unsere *Erfahrungen* anzunähern? Über unsere Fröhlichkeiten, unser Erschrecken, unser Alter, unsere kargen persönlichen Antwortversuche, über das Wankelmütige unserer Einsichten, vielleicht auch über die Entdeckung staunenswerter biografischer Kontinuitäten, die beim Briefeschreiben sichtbar werden?

Tiefer nachgefragt: Warum entmutigt mich diese Riesenfrage nach dem Wozu unserer Existenz? Kneife ich vielleicht vor möglicherweise unbequemen Konsequenzen, vor unheimlichen Abgründen, vor einem Keine-Antwort-Wissen? Es könnte schon sein, dass ich mein Leben zu gemütlich eingerichtet habe, sodass die Frage nach dem Wozu wie ein Störenfried wirkt. Ihn möchte man nicht so gern in den Alltag hereinlassen. Wer weiß, wohin er einen irritierend brächte. Und dennoch rumort es ja wohl bei jedem heimlich und vielleicht auch immerzu. Denn wer Augen im Kopf hat, auch ein in etwa empfindsames Herz sein Eigen nennen darf, dem entgeht doch nicht, dass Absurdes allenthalben lauert. Wir balancieren am Abgrund, versagen uns aber – aus verständlichen und nachvollziehbaren Gründen – den gefährlichen Blick dort hinunter.

Das versorgt-alltägliche Leben hindert uns daran, manche Fragen zu wagen. Die aus Geschichte und Gegenwart bekannten oder gespürten Schrecken des Lebens verführen zu Ausweichmanövern. Wir funktionieren wohl zu Recht so. Denn wer hielte von Minute zu Minute wach diese Wahrheiten und Grausamkeiten aus?

Und manchmal denke ich auch, lieber Abt Odilo, dass ich ein Recht darauf habe, in Ruhe gelassen zu werden und mich an Frieden und Sicherheit zu erfreuen. Ständiges Nachbohren und Gefrage nach dem letztendlich doch nicht schlüssig und für ewig zu beantwortenden Wozu können nerven, können einen auch zum Nörgler, Menschenverachter und Miesepeter machen.

Doch sofort erhebt sich eine andere innere Stimme: »Verantwortungsloser, genusssüchtiger Spätbürger! Schau dich doch mal um!« – Ja, ich schau mich um. In diesen Wochen wird mir nicht selten beispielsweise die tägliche Zeitungslektüre zur harten Prüfung. Und manchmal fasse ich mir an den Schädel und staune über all die zehnmalklugen Schreiberlinge: Was die alles wissen, welche Auswege sie sehen, welche Strategien ihnen, auf dem Papier zwar, aber immerhin, zur Verfügung stehen! Anschläge, Wirtschaftsturbulenzen, Flüchtlingselend, Religionsterror, Eroberungskriege, Armut im reichen Land, Epidemien, verzerrte Einkommensverhältnisse, Steuerbetrug ... Wo ich hinlange, Irrwitz und absichtsvolle Gemeinheit. So scheint es jedenfalls tagaus, tagein.

Lieber Abt Odilo, ist es da eigentlich sehr erstaunlich, dass sich einem die Frage »Wozu sind wir auf Erden?« wie dem alten Hiob vor allem in Krisen, in schicksalhaften Zuspitzungen aufdrängt? Dass man solche Situationen eigentlich nicht will, ist einleuchtend. Dass sie aber dennoch zu uns gehören und unserem Leben Rang, Würde und Eigensinn verschaffen – jedenfalls, wenn man sie durchgestanden hat –, ist aber zu wahr.

Unsere Brief-Frage zu stellen, erfordert also Mut und die Bereitschaft, Gleise des täglichen Lebens zu verlassen. Die Räder der Gewohnheit werden anfangen zu knirschen, zu quietschen. Könnten sich aber bei solcher Fahrt ins Ungewohnte nicht auch neue Ausblicke eröffnen, Erkenntnisse und vielleicht auch ungeahnte Antworten auftauchen?

Machen wir uns auf einen gemeinsamen Weg?

Lieber Winfried,

mit Recht erscheint Dir die Frage: »Wozu sind wir auf Erden?« als eine Überforderung an uns angesichts der vielen Antworten, die Philosophen und Weise, Religionen und Kulturen schon gegeben haben. Für mich birgt diese Frage allerdings eine zunächst schöne Erinnerung an den Katechismus der Kindheit. Im Gegensatz zu manchen Mitschülern schien mir beim Religionsunterricht nicht nur die Bibellesung, sondern auch die klare Ordnung des Katechismus bewundernswert. Mit dieser Frage begann ja ein imposantes Gebäude der Deutung von Welt und Geschichte, das in großer Klarheit den Glauben, die Verhaltenslehre und die Heilsvermittlung der Sakramente darstellte. Die verwirrende Vielfalt von Ereignissen und Erkenntnissen der Einzelwissenschaften schienen da zu einer Einheit gebracht.

Das war später für mich mit ein Grund, Theologie zu studieren und eine immer klarere und umfassendere Darstellung zu erwarten. Freilich war ich dann in dieser Hinsicht vom Studium enttäuscht.

Die theologische Wissenschaft schien diese Klarheit in eine Vielzahl der Deutungen und einzelner Forschungsergebnisse aufzulösen. Je näher man im Nachdenken dem Ursprung und Ziel von allem kam, desto mehr musste man erkennen, dass Gott ein unergründbares Geheimnis ist, dass alle Antworten von Theologen und Philosophen weiter zu hinterfragen sind.

Darum finde ich es richtig, dass Du unsere Fragen auf uns selbst richten willst: »Wozu bin ich auf Erden?« Es geht ja um unsere persönliche Antwort. Immer wieder stellt sich mir in meinem Leben die Frage: Ist das, was ich unternehme, was ich alltäglich vorhabe, eigentlich sinnvoll? Kann ich mein Leben bejahen? Freilich wird mir auch bewusst, dass ich mein Leben nicht für mich allein leben kann, auch wenn ich als verwöhntes Einzelkind leicht alle meine Gedanken um mich selbst kreisen lasse. Aber was bin ich, was ich nicht von anderen empfangen hätte? Da sind die innigen Zuwendungen der Mutter, die Fürsorge des Vaters, gute Lehrer und Erzieher oder auch solche, die eine Herausforderung darstellten und zum Widerspruch bewegten. Da sind Menschen, die meinen Weg freundlich begleiteten. Und vielfältig umgibt mich die Welt im Kleinen: die vielen Menschen, mit denen ich zu tun habe. Und da ist die große weite Welt, die mir täglich die Medien vor Augen stellen. Die Frage, wozu ich auf Erden bin, ist immer eingebettet in die Frage, welchen Sinn das Ganze hat.

Freilich, die Frage des Wozu kann mich auch erschrecken, aufschrecken aus dem gewohnten Alltag, auch aus den Plänen, in denen ich meine Zukunft entwerfe. Da geht es mir so wie Dir. Und doch ist es gerade darum gut, dass wir uns dieser Frage stellen. Und es ist schön, dass wir uns dazu auf einen gemeinsamen Weg begeben.

2

Lieber Abt Odilo,

in meinem ersten Brief an Dich hatte ich schon mein Zurückschrecken vor der Leitfrage unseres Briefwechsels angesprochen. Ich versuche, mir dieses Ausweichen jetzt noch genauer bewusst zu machen. Meine ambivalente Haltung speist sich einmal aus der wie selbstverständlich gegebenen, aber durchaus zu befragenden Nicht-Notwendigkeit von Grübeleien über das Große und Ganze im Alltag. Fällige Schritte sind ganz schlicht zu gehen. Ein jeder Tag hat eben seine eigene Sorge und Freude. Dem will ich aber im Gespräch mit Dir noch ein wenig nachgehen. Dann aber, so sehe ich jetzt beim Schreiben, klammern sich die Bedenken auch an das *Wir* unseres Themas. Wozu sind *wir* auf Erden? So gestellt, zielt die Frage auf die Menschheit oder auf eine ideologisch geschlossene Gruppe, eine bestimmte kulturelle Traditionen hochhaltende Bewegung von Menschen. Das ist mir zu viel, als gäbe es die eine Antwort für alle. Auch wenn in mir angesichts von krisenhaft wahrgenommenen Entwicklungen Wünsche nach weiter reichender

Verständigung auf Wertigkeiten oder Verwurzelungen aufsteigen, so bleiben diese eben doch Wünsche und sind beileibe keine Antworten auf dieses lästig-notwendige Wozu.

Ja, das Unbehagen gegenüber Universalentwürfen und -deutungen sitzt tief, scheinen mir diese doch zu wenig am konkreten Leben und an meinen Erfahrungen überprüfbar. Eine gewisse Erleichterung verspüre ich schon, wenn ich tatsächlich ein »Ich« in unsere Frage einsetze. Mir fallen eher erste Überlegensrichtungen ein, wenn ich Dich oder mich befrage: Odilo oder Winfried, wozu bist *Du*, bin *ich* auf Erden? Jetzt wird es konkret. Jetzt bin ich von die Horizonte der Welt, des universellen Lebens umgreifenden Behauptungen entlastet.

Diese Spur möchte ich verfolgen. Auch Du legst diesen eher bescheidenen Zugriff nahe. Den Verdacht, dass ich mich vor entschiedenerem Ausschreiten in uns übergreifende Dimensionen drücken möchte, kann ich nicht ganz ausräumen. Ich denke aber, dass wir im Gang unseres Briefwechsels darauf zurückkommen werden. Fast möchte ich Dir das »Große und Ganze« zuschieben ...

Diese Frage nach dem Sinn meines *konkreten* Lebensversuches – konzentriert auf das, was ich im Augenblick erlebe, wie ich menschlich und sachgerecht in diesem Augenblick reagiere, welche Verantwortung ich dabei mir und den mich umgebenden Menschen gegenüber habe – kann und muss wohl fallweise beantwortet werden. Doch dabei hilft mir der Alltag mit seinen – das Wort *konkret* legt sich mir jetzt immer wieder nahe – *konkreten* Aufgaben, Nöten, Freuden und Ratlosigkeiten. Egal, welche Situationen ich mir vorstelle: ob ich Wein einkaufe oder koche, ob ich mich auf eine berufliche Aufgabe vorbereite oder mich mit einer Freundin treffe, ob ich Altglas entsorge oder Opernkarten bestelle, ob ich eine schwer kranke Verwandte besuche – ich frage da nicht lange nach dem Wozu meines Lebens. Ich tue, was gefordert ist. Ich versuche, gegenüber der Pflicht der Stunde zu bestehen. Ich genieße den Charme eines erfüllten Augenblicks. Ich lebe ohne den Riesenaufschwung der unendlichen Sinnfrage. Und lebe, jedenfalls in meinen Augen, nicht schlecht dabei.

Ist das alles Verdrängung? Flucht? Gesellschaftliche Drückebergerei?

Sicher, die mir sinnvoll erscheinende Beschränkung der großen Fragen zugunsten konkreten Erlebens und Handelns *kann* entsolidarisieren und vielleicht auch denkfaul machen. Kann, muss aber nicht.

Und mir fällt auf, dass solch konkretes Bestehen des Alltags seine »Logik« nicht nur aus dem sich einstellenden Resultat erhält. Das Wozu, der

Sinn dieses Handelns und Bestehens, ergibt sich also nicht allein durch Erfolg oder Misserfolg. Das Tun selbst als Vollzug trägt allen notwendigen Sinn in sich. Mein Krankenbesuch, mein trinkfester Stammtisch, meine strukturierende Vorbereitung auf einen Workshop tragen in sich befriedigende Antworten. Aus all den einzelnen Handlungen unseres Alltags konstituiert sich vielleicht das Glück, sich nicht überflüssig vorzukommen.

In diesem Zusammenhang, lieber Odilo, sind mir die bewegenden Gedanken des Wiener Seelenarztes Viktor E. Frankl nahe, die er in seinem für meine geistige Grundausstattung wesentlichen Buch *... trotzdem Ja zum Leben sagen. Ein Psychologe erlebt das Konzentrationslager* dargelegt hat. Ich frage immer wieder, wie Frankl, dessen Familie fast vollständig ermordet wurde und der selbst Entsetzliches mitgemacht hat, ein solches, das Leben, die Liebe und die Vergebung hochhaltendes Buch schreiben konnte. Ich habe von ihm etwas Entscheidendes gelernt: Frankl fordert uns auf, die in seinen Augen allzu stolze Frage nach dem Sinn des Lebens als Frage *an* das Leben und unser Schicksal gleichsam umzukehren. Wir sollten uns – so meine Interpretation – fast trainieren, nicht immerzu und oft genug voller Vorwürfe das Leben zu befragen: Wozu ...? Wir könnten befreiend einüben, *uns* als vom Leben Befragte, als Angefragte, als Aufgeforderte wahrzunehmen. Wie siehst Du das, lieber Odilo?

Damit öffnen sich Zugänge zum Wozu unseres Lebens. Jeder Augenblick, jeder Mensch in meiner Umgebung befragt mich, fragt mich an. Mein Leben gewinnt also Halt und Sinn, wenn ich mich als angefragt verspüre. Ich darf eine Antwort geben, besser: eine Antwort sein. Ja, ich kann etwas tun, etwas Menschliches, etwas Hilfreiches, etwas Dir, mir und anderen zur Freude.

Lieber Odilo, immer klarer wird mir – und dazu verhilft mir dieser Brief –, dass ich das *Jetzt* zu wagen, zu bestehen, auszuhalten und vielleicht auch zu meistern habe. Die Empfindsamkeit für den Augenblick und für die konkreten Menschen, die gesuchte Nähe zum Glück und zum Leid anderer und die feinfühlige Freundschaft mit mir selbst bergen Antworten, gewiss und Gott sei Dank subjektiv gebrochene und durchaus zu diskutierende. Weniger das gebannte Suchen nach dem Sinn des Großen und Ganzen, das letztlich doch ohne hinreichende Einsicht bleibt, sondern das Bestehen des Augenblicks entlädt Sinnkräfte und belastbare Engagiertheit. Jedenfalls bei mir.

Lieber Winfried,

Du sprichst vom konkreten Leben, vom Augenblick, der Schönes oder auch Schlimmes mit sich bringt. Wie reagiere ich darauf? Du spürst auch, dass Du Verantwortung hast in den konkreten Anforderungen, Freuden und Nöten. Und das scheint mir das Wichtigste zu sein: Wir dürfen und müssen Antwort geben in unserem Leben. Schöne Stunden, eine mitreißende Musik, eine herrliche Dorflandschaft, die Begegnung mit einem liebenswerten Menschen sind ein Anruf an mich und drängen mich zu einer Antwort der Dankbarkeit, des Bewunderns, der Freude. Da ist die Not eines anderen Menschen, auf die ich mit meiner Hilfsbereitschaft antworten sollte. Da sind Schmerzen, da ist Leid an Leib oder Seele. Die verlangen von mir Tapferkeit, Geduld, Durchhalten. Das wäre ein Erstes, was ich auf die Frage, wozu ich da bin, sage: Ich lebe, um Antwort zu geben.

Antwort geben ist also nicht eine zusätzliche Aufgabe meines Lebens, sondern gehört zum Menschen, der aufnehmen und wahrnehmen, der empfinden und fühlen, der begegnen kann. Ich lebe gut, wenn ich meinem Atem nachspüre, die Luft aufnehme und wieder entlasse. Wenn ich dem Gesang der Vögel oder der Menschen lauschen kann und ihre Musik mitvollziehe. Aber auch dem Unangenehmen kann ich mich stellen, es nicht einfach verdrängen. Ich kann spüren, dass die Herausforderung in mir Kräfte weckt, die mich auch das Schwere bestehen lassen. So ist mir oft nach einem Krankenhausaufenthalt erst wieder bewusst geworden, was für ein Geschenk die Gesundheit ist, wie wunderbar es ist, wieder in der frischen Luft spazieren zu gehen.

Wenn ich auf mein Leben zurückschaue, erkenne ich die vielen Anrufe, die beantwortet zu haben ich heute als Glücksfall sehe, etwa das Angebot meines Abtes, weiter Philosophie zu studieren und mit einer Arbeit über Augustinus zu promovieren. Freilich setzt dies voraus, dass ich solch einen Anruf als sinnvoll erkenne und dass ich im Rückblick in solchen Anrufen einen Zusammenhang mit meinem Leben entdecken kann.

Leider erinnere ich mich auch daran, dass ich öfters einen Anruf überhört oder mich ihm verweigert habe. Als Kind bin ich manchmal vor einer Herausforderung davongelaufen, weil sie mir zu groß erschien oder meine Vorstellungen von meiner

Zukunft infrage stellte. Öfters habe ich auch einen Anruf gespürt, etwa ein Gespräch zu führen – und habe es dann doch immer wieder hinausgeschoben, bis es zu spät war. Manchmal ist Angst ein schlechter Ratgeber, der vor einer wichtigen Aufgabe zurückschrecken lässt. Es muss mir leidtun, dass ich mich da einem Anruf versagt habe. Aber ich kann mein Versagen bereuen und offen bleiben für neue Anrufe, auf die ich besser antworten kann.

Ein Bild für dieses Vertrauen, dass mich immer wieder ein Anruf erreicht, ist mir das Navigationsgerät, das den Autofahrer mit freundlicher Stimme auf einen bestimmten Weg ruft. Wenn der Fahrer sich nicht darauf einlässt und anders fährt, erwartet man eigentlich Protest: Kannst du nicht zuhören, oder weißt du alles selbst besser? Aber die Stimme im Navi bleibt gleich freundlich und gibt an, wie man jetzt fahren muss, um doch noch zum Ziel zu kommen. Es ist nie zu spät, selbst wenn man sich noch so weit verfahren hat, den Anruf zu hören und ihm zu folgen. So ist es auch mit den Anrufen im Leben. Was immer ich versäumt, was immer ich falsch gemacht habe – ich kann es bedauern, ich kann es bereuen. Ich kann die Folgen meines Versagens als bitter empfinden. Aber ich darf mich neu einer Anforderung stellen, auch wenn sie unbedeutend erscheint, ich darf neu Antwort geben.

3

Lieber Abt Odilo,

bezeichnenderweise geht mir immer wieder durch den Kopf, wie sehr ich Situationen liebe, in denen sich mir die Frage nach dem Wozu überhaupt nicht stellt: Momente, in denen das Leben verdichtet strahlt, mich durch Gegenwart überwältigt oder durch ein bestimmtes Tun in Konzentration fordert. Manchmal auch die seltenen Augenblicke tatsächlicher innerer Stille und Gedanken-Losigkeit. Könnte es uns gegen das Vergessen zur Aufgabe werden, in der Erinnerung an die lebenslange Kette solcher Augenblicke eine Antwort zu suchen, oder besser: einfach zu leben? Wie kann solche Erinnerung an Momente der Seligkeit, des friedlichen Lassens, der liebevollen Nähe zur seelischen Grundausstattung werden, die dann auch andere Zeiten ertragen lässt?

Lieber Odilo, in dieser Spur fallen mir noch andere, zarte Antworten auf unsere gemeinsame Frage nach dem Wozu ein: Ist nicht das Danksagen als Reaktion auf erlebtes Glück und währenden Frieden eine ihr wahrlich entsprechende Haltung?

Dankbarkeit gerät einem im bewusstlosen Trubel des Lebens häufig aus dem Blick. Doch ist es selbstverständlich oder gar nur von mir abhängig, dass meine Wohnung warm ist, dass ich ein Dach über dem Kopf und einen Fluchtort habe, wo mir niemand auflauert, dass ich zu essen und zu trinken habe, dass ich nicht einsam bin und dass ich keine Gewaltattacken fürchten muss – jedenfalls in der Regel?

Ja, unsere Wozu-Frage stellt sich einem wohl sehr individuell und unterschiedlich dringlich, je nach friedlich oder aggressiv bestimmter Um- und Innenwelt. Und dennoch: Wenn ich das Geschenk, in der Sonne, im Licht aufblühen zu dürfen, immer wieder wahrnehme, dann könnte sich allmählich eine geduldige Haltung aufbauen, auch den Schatten auszuhalten, ihn weniger zu fürchten. Vielleicht erhält sich das strahlende Leben, wenn ich ausharren kann. Oder anders: Nirgends ist verheißen, dass es mir immer nur gut geht. Das Schlimme gehört genauso zu meinem Leben. In anderen Regionen dieser Welt ist das sogar die vorherrschende Erfahrung. An Schrecknissen ist unsere Existenz nicht arm. In ihnen könnte aber doch jene Kette der leuchtenden Augenblicke eine Rolle spielen. Wenn – und da ist das Wort angebracht – die *Gnade* und das Geschenk dieser Momente aus Licht tief realisiert sind.

Lieber Odilo, Dir als geistlichem Menschen sei die Frage gestellt: Woher kommen und wie entstehen Lebenssicherheiten? Wie werden wir ihrer bewusst? Wie aktivieren wir diesen verborgenen Schatz? Das »Haus aus Licht« (Marie-Luise Kaschnitz) muss nicht immer explizit benannt und bewusst sein. Vielleicht lässt sich hier das eigentliche Geheimnis, dessen Statthalter die Wozu-Frage ist, entdecken? Könnten wir lernen, das schon immer auf uns wartende Geschenk eines Halts im Leben wirklich zu verstehen und anzunehmen?

Und plötzlich begreife ich den Sinn unserer Frage als *Frage*: Sie *muss* dann und wann gestellt werden, wenn schon nicht aus mir selbst, dann von anderen an mich. Wir müssen es, ob wir wollen oder nicht, einübend zulassen: Das Erleben oder das Erschrecken sind Lehrmeister des Wozu. Ich habe neulich geschrieben, dass wir uns als Angefragte verstehen könnten. Das heißt für mich nicht, dass ich in solcher Schule allzu vieler Antwortdetails bedürfte. Eher ginge es um eine stabile, sich immer wieder und hoffentlich in Zeiten der Fraglichkeit meldende stille Lebenskraft und -weisheit. Ein eigenartiges Antworten auf das Wozu scheint für mich zu passen: scheu fast, hinweisend nur, Schönes erinnernd, das Danken einübend, Trost im Schrecken »gläubig« unterstellend. Es gibt den Trost – fast immer, verborgen und sehr leicht zu übersehen. Odilo, stehen wir nun im Tor zum Religiösen?

Lieber Winfried,

ja, gerade im Fragen stehen wir im Tor zum Religiösen. Der in New York geborene Schauspieler und Schriftsteller David Duchovny sagt in einem Interview (SZ, 21.3.2015): »Gute Kunst stellt Fragen, schlechte Kunst beantwortet sie. Kunst soll unbequem sein und die Leute zum Denken bringen.« Das bestätigt, was Du zur Wichtigkeit des Fragens festgehalten hast. Fragen ist wichtiger als alles Antworten. Denn im Fragen macht sich der Mensch auf den Weg. Er erfährt sich als Suchender, als einer, der immer wieder aufbricht und auf dem Weg bleibt, weil das Ziel, das Geheimnis des Lebens und der Welt, nie ganz begriffen und ergriffen werden kann. Natürlich erwarten wir bei all unseren Fragen eine Antwort. Sie kann uns freilich nie voll befriedigen. Sie ist Anlass, dass wir weiter fragen und suchen.

Mich erstaunt immer wieder, dass das Markus- und das Matthäusevangelium als Wort des am Kreuz sterbenden Jesus nur eine Frage überliefern: »Mein

Gott, mein Gott, warum hast du mich verlassen?« (Markus 15,34; Matthäus 27,46). Gewiss benennen Lukas und Johannes sechs weitere letzte Worte Jesu. Sie geben wohl noch verschiedene Aspekte der Gesinnung Jesu wieder: seine Hinwendung zu den Menschen, zum Schächer, zu den Feinden, zu Maria und Johannes, den Durst der Sehnsucht und die Gewissheit der Vollendung in den Händen des Vaters.

Wie gesagt, mit dem Fragen stehen wir im Tor zum Religiösen. Religion ist hier ganz allgemein als eine letzte tiefe Verbundenheit mit dem Geheimnis des Lebens gedacht. Auch der religiös »Unmusikalische« trägt doch die Sehnsucht in sich nach einem letzten Halt, nach einem größeren Zusammenhang. Diese Sehnsucht richtet sich zunächst, wie Du treffend bemerkst, auf ein ganz persönliches Ja zum eigenen Leben, zur eigenen Person. Das Leben ist Geschenk. Ich sehne mich danach, es bejahen zu können, Ja zu sagen zu meinen Wegen, zu meiner Geschichte. So kann ich für das Geschenk des Lebens danken, all das Gute, das ich erfahre, lobend annehmen. Ich muss meine Begrenztheit, meine Enttäuschungen in den Blick nehmen und versuchen, auch sie zu bejahen. Gerade das Schwierige ist eine Herausforderung an mich. Ich wünsche, es bestehen zu können. Ich spüre es auch als Aufgabe, meine Begrenztheit, meine Unvollkommenheit, mein Scheitern anzunehmen. Kann ich zu mir stehen, auch zu meinen Schwächen, zu allem Nichtgelingen, zu meiner Unvollkommenheit? Gibt es eine Kraft, die mir solch ein tröstendes, Mut machendes Ja zuspricht?

Als Vierzehnjähriger erlebte ich die Bedrängnisse und Ängste der letzten Kriegswochen, den Einmarsch der Amerikaner, und daraus ergab sich die bange Frage, was nun kommen wird. In dieser Zeit spürte ich in besonderer Weise den Anruf und den Zuspruch des Religiösen. Ein »Tausendjähriges Reich« fand ein klägliches Ende. Vieles brach zusammen – doch der Gottesdienst blieb derselbe, gab Trost und Kraft. Was immer Menschen an Hab und Gut, an Heimat und Sicherheit verloren, die Beheimatung im Glauben blieb und eröffnete auch eine Hoffnung für die Zukunft.

Auch für mich war das Jahr 1945 eine Zeit, in der mich die religiöse Suche tief erfasste. Es gab bis November keinen Schulunterricht, kaum Zeitungen und Radiosendungen, wenig Ablenkung und Zerstreuung. Ich war viel allein, hielt mich oft in der Natur auf, auch als ich bei einem Bauern etwas mitarbeiten durfte. Die Bücher im Elternhaus waren älterer Herkunft, ich las Schiller und Goethe, ohne allzu viel davon zu verstehen. Es war Raum da, sich mit Gott und dem Sinn des Lebens zu beschäftigen. Dass Gott der Herr der Geschichte sei, leuchtete mir ein. So bat ich ihn eindringlich, mir meine Lebensaufgabe zu zeigen. Ich erwartete, dass mir – wie in manchen Heiligenleben zu lesen war – Gott selbst zeigen würde, wie ich ihm dienen sollte: in einem heilenden Beruf, in politischer Verantwortung oder in missionarischem Wirken. Oder sollte meine Zukunft in Amerika sein, das die von der Besatzungsmacht beeinflusste Bildung damals als Idealgesellschaft vorstellte?

Ich erwartete also eine unmittelbare Weisung von Gott. Sie blieb aus – auch wenn ich darum betete und von mir aus Zukunftsvisionen entwarf. Schließlich durfte ich vom Mai 1946 an bis zum Abitur 1949 das Gymnasium und Internat der Benediktinerabtei Metten an der Donau besuchen und viele religiöse Anregungen empfangen. Zu einer klaren Entscheidung, wie ich in meinem Leben sinnvoll für das Reich Gottes wirken sollte, kam es freilich nicht. Ich merkte, dass ich selbst nach dem Willen Gottes suchen musste, um ein sinnvolles Leben zu finden.

So begann ich zunächst mit dem Studium an der Universität München und fand dort nicht nur philosophische und theologische Vorlesungen, sondern auch solche in Psychologie, Germanistik, Theaterwissenschaft und Kunstgeschichte interessant.

Später hatte ich zunächst den Eindruck, dass ich mich mit einer Vielzahl von Themen beschäftigte, aber doch mit keinem einzigen Thema gründlich. Von der Schulzeit in Metten war mir die benediktinische Lebensform als durchaus sinnvoll in Erinnerung geblieben. Um zu einer Entscheidung zu kommen, lernte ich ein Jahr lang im Innsbrucker Canisianum, das von Jesuiten geleitet wurde, eine zielgerichtete Spiritualität und zugleich bei den damals aus vielen Ländern kommenden Mitstudenten die Vielfalt von Kirche kennen. In München hatte ich einmal bei einer Matinee in den Kammerspielen einen Vortrag Carl Zuckmayers angehört. Ein Satz blieb mir hängen: »Wir Leute vom Theater sind wie Mönche, ganz einer Sache hingegeben.« Auch durch dieses Wort wurde mein Entschluss sicherer, in einem klösterlichen Leben den Sinn meines Lebens zu finden. So trat ich 1952 in die Benediktinerabtei St. Bonifaz in München ein.

4

Lieber Abt Odilo,

auf Deinen letzten Brief will ich später eingehen. Vorher aber möchte ich Dir zwei vielleicht nicht allzu bedeutende Erfahrungen erzählen, an denen mir jedoch klar wurde, welch eigentümliche Leistung zu erbringen ist, wenn einem eine Art Antwort auf die Frage nach dem Wozu seines Lebens gelingen soll.

Heute wurde ich sehr früh, etwa gegen vier Uhr, wach. Das kommt nicht selten vor. Sehr unterschiedlich gehe ich mit diesem eigentümlichen Geschenk zusätzlicher Stunden um. Manchmal hadere ich mit mir wegen dieser Bettflucht. Dann wieder kommen gute Einfälle. Oder aber mir scheint das Hirn wie zugenebelt. Mal sehne ich mich danach, noch einmal einzuschlafen. Mal tauchen aber auch sehr kreative und weiterführende Gedanken auf. Alles läuft darauf hinaus, ob ich diese Situation tatsächlich als Geschenk, auch in seiner Ambivalenz, annehmen und dann etwas Sinnvolles daraus machen kann. So mancher Notizzettel wurde dann rasch voll. So manche Alltagsschwierigkeit konnte ich lösend lockern und mich dann entsprechend umorientieren.

Die zweite Erfahrung: Vorgestern erfuhr ich von der glücklichen Geburt der ersten Tochter meiner Nichte. Großonkel darf ich mich jetzt nennen. Weiß Gott, ein Geschenk! Eine Riesenfreude erfüllt bis jetzt mein Herz. Und auch hier eine interessante Beobachtung: Die Freude kann gleichsam anonym überfließen. Sie kann aber auch Gedanken, Sehnsüchte, Lebensentscheidungen aus der Tiefe holen: Da meldet sich die übernächste Generation, deren Tat- und Gestaltungskraft ich vielleicht nicht mehr erlebe; da will einmal mehr in leiser Melancholie und trotz aller Freude verarbeitet sein, dass ich selbst keine Kinder und damit keine direkten Nachkommen habe. Auch ist mir mit einem Mal klar, dass es Wunder gibt: eine nachprüfbare Tatsache, die Geburt, die aber doch so viel mehr ist, ein gar nicht selbstverständliches Geschehen, ein zartes Geschenk, eine Verpflichtung auf Zukunft, ein Grund mehr für Dankbarkeit. Schutz, Wohlergehen, Segen ... Dafür etwas zu tun, bin ich plötzlich und evident aufgerufen. Herz und Verstand verschwistern sich in dieser Erkenntnis.

Und warum erzähle ich Dir das in unserem Zusammenhang? Weil mir im Nachsinnen, angestoßen durch Erfahrung, deutlich wird, dass dem Wozu wohl nur klärend und antwortend dann begegnet werden kann, wenn zu einer menschlichen Gegebenheit etwas Überraschendes hinzutritt, aus ihr etwas wächst, etwas »gemacht« wird. Da passiert etwas, etwas Schönes, oft aber auch etwas Schlimmes. Dieses Widerfahrnis hat etwas mit mir zu tun, geht aber nicht in meiner Aktivität auf. Es hat ein weit größeres Potenzial. Nehme ich nun das Widerfahrnis als Geschenk, kann ich es aushalten, kann ich geduldig damit umgehen, kann ich den Lichtstrahl, der irgendwann einmal schneller, einmal langsamer aus ihm schlägt, auffangen, weiterentwickeln, speichern und als Energie künftig nutzen?

Lieber Odilo, vielleicht sind die erwähnten Erfahrungen ein wenig zu harmlos oder zu schön, um ein Modell für den notwendigen Zusammenhang von einbrechender, konfrontativer Fraglichkeit und kreativ zu leistender, geheimnisvoll lösungsreicher Perspektive abzugeben? Vielleicht aber auch nicht. »Wo aber Gefahr ist, wächst uns das Rettende auch« (Hölderlin). So scheint es zu gehen: Mit über die Jahre wachsendem Mut sich den Abgründen und Gipfelerlebnissen stellen; geduldig und offen, hörend und erwartungsvoll Antworten erlauschen; Situationen sanft und inständig angehen, vielleicht gar verändern.

Das ist schon verrückt, auch anstrengend, aber doch sehr hilfreich: Es gibt keinen vordefinierten Lösungsansatz, keinen vorgefertigten Sinn, in den notwendigerweise alles Fragen münden müsste. Auch geben unsere Fragen nicht einfach schon den Raum für alle denkbaren Antworten vor. Ein eigentümliches Wechselspiel lässt uns im besten Fall tapfer, einigermaßen gelassen und stabil weitergehen: Ich kann Sinn finden, der aber ist geschenkt, gefunden und eben auch »gemacht«. In welchem Mischungsverhältnis und in welcher Erwartbarkeit – das ist eines jeden Geheimnis: Es wirkt, es entbirgt Kräfte und gleichzeitig beutelt es mich.

Wie, lieber Odilo, blickst Du – über viele Jahre auf der großen geistig-geistlichen Suche – auf das geheimnisvolle Wechselspiel von Suchen/Finden und Konstruieren all unserer Antworten auf das große Wozu? Wie steht es um das Gelingen unseres Ringens?

Lieber Winfried,

Du fragst, wie es um das Gelingen unseres Ringens steht. Das heißt für mich beispielsweise auch: Habe ich mit dem Klostereintritt den Sinn meines Lebens erfasst, wurde ich belehrt, wozu ich auf Erden bin?

Sicher war es damals meine Überzeugung: Die Entscheidung, auf Erden Gott in einer Gemeinschaft von Menschen zu dienen, gibt den Sinn des Lebens wieder und findet seine Vollendung in der Herrlichkeit des Himmels. Aber selbst das Leben im Kloster ist immer auch von Zweifel, von immer neuen Fragen, von Enttäuschungen geprägt. Im 58. Kapitel der Benediktusregel geht es um die Aufnahme von Mönchen in das klösterliche Leben. Die Entscheidung wird als *conversio*, als Hinwendung zu einem Leben nach den Weisungen des Evangeliums verstanden.

Diese *conversio* wird als *conversatio* verstanden, als Lebenswandel, der ganz auf Gott ausgerichtet ist. Dieser Lebenswandel ist freilich nicht eine feste, für immer festgelegte Größe, sondern eine beständige Suche. So soll die klösterliche Gemeinschaft prüfen, ob der Anfänger im Kloster »wirklich Gott sucht«.

Nicht bestimmte Fähigkeiten, nicht die Eignung zu einer bestimmten Lebensweise, nicht etwas, was man sich erwerben und festhalten kann, sind die Kriterien bei der Aufnahme eines Mönches ins Kloster, es ist vielmehr die immerwährende Suche. Der Mönch bleibt sein Leben lang ein Suchender.

So spricht die Benediktusregel im 62. Kapitel von den Priestern im Kloster (der Abt und die Mehrheit der Mönche waren damals Laien): Sie sollen sich vor Überheblichkeit und Stolz hüten. Auch ihre Aufgabe ist es, mehr und mehr auf Gott zuzuschreiten (*magis ac magis in Deum proficiat*). Dieses Voranschreiten ist eine lebenslange Aufgabe. Wir bleiben unser Leben lang Suchende, wir sind niemals perfekt, wir schreiten immer auf das Größere zu. Die Ausrichtung auf Gott als Ziel des Lebens kann also nie einen festen Besitz bedeuten, sondern immer neuen Aufbruch.

Im 48. Kapitel der Regel werden noch drei weitere Kriterien für die Frage, ob der Novize wirklich Gott sucht, angegeben: ob er Eifer hat für den Gottesdienst, für den Gehorsam und für das Ertragen von Widrigkeiten (*sollicitus ad opus dei, ad oboedientiam, ad opprobria*). Vielleicht kann an diesen drei Kennzeichen für uns alle – nicht nur für die Mönche im Kloster – Sinn und Ziel des Lebens aufleuchten.

Natürlich hat sich im Lauf meiner klösterlichen Jahre – und das sind nun doch schon dreiundsechzig – vieles im Kloster und manches auch an mir verändert. All meine Aufgaben brachten neue Perspektiven: das Doktorat in Philosophie und die damit gegebene wissenschaftliche Beschäftigung, die Seelsorge als Kaplan in der Pfarrei St. Bonifaz, von 1964 bis 2003 die Verantwortung als Abt, die Sorge um Nachwuchs und die Wirtschaft des zu uns gehörenden Klosters Andechs, dort und in München die vielfältige Bautätigkeit sowie fünfzehn Jahres als Präses Verantwortung für die Bayerische Benediktinerkongregation, zehn Jahre als Vorsitzender der Salzburger Äbtekonferenz und damit die Beschäftigung mit Fragen, die die deutschsprachigen Benediktiner betreffen. Bald fünfzig Jahre lang Firmungen in unserer Erzdiözese. Seit zwölf Jahren Altabt und damit zwar von der Verantwortung für das Kloster befreit, aber doch noch für viele seelsorgliche Tätigkeiten angefragt. Ich kann froh sein, dass ich eigentlich nie diese vielen Tätigkeiten als sinnlos empfunden habe. Und doch muss ich mich manchmal fragen, ob darin wirklich der Sinn meines Daseins erfüllt wurde. Ich muss mich fragen, ob statt des eigentlichen Zieles, Gott zu suchen, andere Ziele im Vordergrund standen, wie bei vielen Menschen unserer Zeit etwa Erfolg und Ansehen. Und manchmal musste ich mich fragen und auch von anderen fragen lassen: Hast Du nicht das Weitervoranschreiten, das Suchen allzu selbstzufrieden aufgegeben?

5

Lieber Winfried,

ich möchte, wie in meinem letzten Brief schon angedeutet, die Frage nach dem Wozu unseres Lebens an den drei von Benedikt genannten Kriterien der Gottsuche etwas verdeutlichen und damit unsere Überlegungen zum Menschen als grundsätzlich Angerufenem vertiefen.

Gott zu suchen bedeutet für Benedikt vor allem Horchen. So beginnt der Prolog der Regel mit dem Wort *ausculta* – horche, mein Sohn, neige das Ohr deines Herzens. Mit ganzer Seele, mit dem Herzen ein Horchender zu sein, ist die erste Voraussetzung dafür, dass ich mehr und mehr erfahren kann, wozu ich da bin – oder für den Glaubenden, wozu mich Gott ruft. Im Prolog wird Benedikt nicht müde, vom Anruf Gottes zu sprechen. »Heute, wenn ihr seine Stimme hört, verhärtet eure Herzen nicht« (Psalm 95,8). »Wer Ohren hat zu hören, der höre, was der Geist den Gemeinden sagt« (Offenbarung 2,7). So erinnert Benedikt an das Gleichnis vom Herrn des Weinbergs, der einen Arbeiter sucht, und lässt ihn mit dem Psalm 34 fragen: »Wer ist der Mensch, der das Leben liebt und gute Tage zu sehen wünscht?« Der Mensch darf antworten: »Ich« und erfährt dann als Antwort für den Weg zum »wahren und unvergänglichen Leben« unter anderem: »Meide das Böse und tue das Gute. Suche den Frieden und jage ihm nach.« Darum sagt Benedikt auch im Prolog: »Was kann beglückender für uns sein als diese Stimme des Herrn, der uns einlädt?«

Hier wird deutlich, wie sehr wir vom Wort der Heiligen Schrift leben können, wenn wir bereit sind, mit dem Herzen zu hören, wenn wir es innerlich aufnehmen. Wir können spüren: Das ist für mich gesagt. Mit dem Horchen ist zugleich das Gehorchen gemeint, nämlich, »den Zuspruch des gütigen Vaters willig anzunehmen und durch die Tat zu erfüllen«. Gehorsam, ein in unserer Gesellschaft nicht so gern gehörtes Wort, ist das wirkliche Aufnehmen eines Zuspruchs, den ich als mir geltend erkenne. Dieser Zuspruch begegnet uns in der Heiligen Schrift, aber auch im Wort anderer Menschen, von denen ich mir etwas sagen lasse. Darum wählen die Mönche, das heißt die, »denen die Liebe zu Christus über alles geht«, sich einen Abt, der die Weisung Gottes konkret auslegt.

Aber auch der Abt ist gehalten, die Brüder um Rat zu fragen, und zwar alle, »weil der Herr oft einem Jüngeren offenbart, was das Bessere ist«. So weist die Benediktsregel im 61. Kapitel über die Gäste des Klosters darauf hin: Wenn einer von ihnen auf etwas aufmerksam macht, »so erwäge der Abt klug, ob ihn der Herr nicht vielleicht gerade deshalb geschickt hat«.

Dies ist für uns alle die rechte Haltung des Horchens: Will vielleicht im Wort, im Rat oder auch Vorwurf eines anderen Menschen Gott mir etwas sagen? Für den Horchenden und Gehorchenden wird so immer wieder konkret deutlich, wozu ihn Gott ruft, auf welchem Weg er seine Aufgabe im Leben erfüllen kann. Oft habe auch ich auf andere nicht gehört, weil ich von ihnen nichts erwartete oder ihre Kritik als Unverschämtheit empfand. Nachher musste ich mir dann sagen: Hätte ich doch darauf gehört.

Horchender zu sein auf die Weisung Gottes, die mir vielfältig zugesprochen wird – im Wort der Schrift, im Zuspruch eines anderen Menschen –, ist der Weg, auf dem sich mir schrittweise der Sinn meines Lebens erschließen kann. Die Gegenbewegung zum Gehorsam ist für Benedikt das Murren, die Verweigerung des Herzens gegenüber einem solchen Anruf. Der mürrische Mönch, der sich zumindest im Inneren verweigert, verfehlt das Ziel seines Lebens, weil er sich dem verweigert, was ihn zu diesem Ziel führen kann.

Das alles erleben wir auch sonst im allgemein christlichen und im klösterlichen Leben. Was ich als Ziel meines Lebens erkannt und bejaht habe, wird mir mühsam und lästig. Meine Vorstellungen von der schönen und raschen Verwirklichung meines Lebensziels erweisen sich als trügerisch. Mancher Einsatz scheint ganz erfolglos zu sein. Andere Menschen, Mitbrüder oder mir anvertraute Seelen gehen mir auf die Nerven. Viele ablehnende Gedanken gegenüber Politikern, Wirtschaftsbossen, Journalisten, aber eben auch Leuten aus meiner Umgebung steigen in mir auf. Alles ist anders als meine Vorstellungen von der Zukunft der Gesellschaft oder auch meines eigenen Lebens. Da erweist sich das Vorhaben des Horchens und Gehorchens als durchaus schwierig.

Benedikt freilich spricht von einem Gehorsam ohne Zögern, davon, dass Gehorsam »nur dann Gott angenehm und für die Menschen beglückend ist, wenn die Weisung nicht zaghaft, nicht saumselig, nicht lustlos oder mit Murren und Widerrede ausgeführt wird«. Das Murren gilt als altes Mönchslaster, als die negative Haltung schlechthin. Doch wer kennt das nicht in seinem Alltag? Auch bei mir findet sich solche Verweigerung des Herzens, ein Abweichen vom Ziel meines Daseins. Darum ist auch bei mir immer wieder eine Umkehr des Herzens notwendig.

Solch eine Umkehr oder Einkehr ist wohl auch bei dem Flug der Gedanken, des nicht zu unterbrechenden Grübelns angezeigt. Gewiss dürfen wir uns den in uns aufsteigenden Gedanken, den Erinnerungen an Vergangenes, den Vorstellungen der Zukunft überlassen – wir leben ja in der Zeit, aus der Vergangenheit und hinein in Kommendes. Sich nur in Ewiges zu versenken, könnte aber eine Flucht vor den Aufgaben in der uns zugemessenen Zeit bedeuten. Aber doch sollen wir immer wieder in einem Jetzt der Gegenwart des Ewigen zu Ruhe kommen. Und in dieser Ruhe kann auch das Viele unserer Vorstellungen und Gedanken geprüft werden, was davon wirklich gut und wahr ist, was ich als meine Aufgabe erkennen kann. Das ist der Anruf Jesu: »Kehrt um! Denn das Himmelreich ist nahe« (Matthäus 4,17).

Lieber Abt Odilo,

in unseren Briefen passiert etwas Eigenartiges, mich tief Anrührendes: Es ist, als ob tatsächlich unterschiedliche Weisen, mit der Lebensfrage nach dem Wozu umzugehen, an uns beiden gespiegelt werden. Ich frage und frage. Ich versuche mir die Wozu-Frage und mögliche Richtungen des Sich-an-ihr-Abarbeitens vor das Hirn zu legen. Ich meine, dass dann und wann auch etwas halbwegs Gescheites dabei herauskommt. Du gehst einen auf den ersten Blick anderen Weg, einen Weg, den ich am Anfang unseres Briefwechsels mit dem Vorschlag, konkretes Leben sprechen zu lassen, unsere konkreten Entscheidungen anzuschauen, auch als sinnvoll ansah. Und das ergreift mich tatsächlich sehr, dass Du Dein Leben sichtbar werden lässt, vor allem in seiner allmählichen und immerwährenden Formung als Mönch, als Benediktiner.

Bedeutsam ist dieses Zeigen und Hinweisen wohl deswegen, weil sich sinnvolle Lebenszusammenhänge vielleicht doch und meistens erst im Nachhinein und zwar über Erzählungen einstellen. Und dann werden wirklich Webmuster und besondere Verknüpfungen unseres Lebens sichtbar. Sie sind vorhanden, sie sind aber auch, wie ich neulich schrieb, erkannt, kreativ »konstruiert« im ewigen Frage-und-Antwort-Spiel unserer Suche.

Und auf fast geheimnisvolle Weise entdecke ich Parallelen unserer Zugänge. Du betonst den zentralen Ort des Hörens in Deiner Biografie beziehungsweise in der sie umfassenden Regel Benedikts. Ich ringe um die Anerkenntnis dessen, was uns gegeben und aufgegeben ist. Du denkst darüber nach, ob Du Dich von anderen genug hast anfragen lassen, und kommst zu dem Schluss, dass Antworten schlechterdings ein Merkmal unseres Menschseins ist. Ja, und auch mir ist die Herausforderung durch die Schritt für Schritt sich vollziehenden und zu leistenden Antworten für unser Thema wesentlich. »Gehorsam« erfüllt sich so als Anerkenntnis des Fälligen.

An einer Stelle Deiner Erzählung aus den Jahren nach dem Zweiten Weltkrieg musste ich das Lesen Deines Briefes unterbrechen, da viel Eigenes aufstieg. Du schreibst, dass Du in diesen wirren, aber auch leeren Zeiten auf eine unmittelbare Weisung Gottes Dein Leben betreffend gewartet hast. Und nichts kam, »nur« die Erkenntnis, dass Du selbst suchen musst ... bis heute. Diese mir vertraute – ich meine das sehr positiv – kindliche Hoffnung auf Weisung entspricht wahrscheinlich einer Sehnsucht, die viele haben, wenn auch in unterschiedlichen Gestalten und Deutungen: dass doch bitte etwas aufleuchten möge, dass doch bitte das Wozu geklärt sei. Selten wird so etwas eintreten. Die Stimme, auf die zu hören und der Gehorsam zu leisten ist, spricht sich eben meist hineingemischt ins Gemurmel des Alltags und des gelebten Lebens aus. Ja, Hören, aufmerkendes Lauschen und Differenzieren müssen wir lernen. – Und wieder sind wir beieinander!

Ich hoffe, es wirkt nicht indiskret, wenn ich erzähle, dass auch mir einst über ein Hören ein ganz persönliches Tor aufgestoßen wurde, das bis heute offensteht. Und diese Geschichte, die ich in mir fast scheu bewahre, aber jetzt doch aufschreibe, ist in gewisser Weise gegenläufig zu dem, was Du und ich zum Ausbleiben plötzlicher Antworten festhielten. – Nun: Ich wanderte vor vielen Jahren an einem herrlichen Sommertag frühmorgens allein im provenzalischen Hinterland: erfrischt vom fein und leise wehenden Wind, in von keinen Gedanken-Vagabundierereien abgelenkter Hingabe an Düfte, an den silbrig-diesigen Lichtschimmer und die Weite der Landschaft. Im Laufen breitete ich weit, ganz weit die Arme aus, als könnte ich gleiten und segeln ... und *hörte*: Ich hörte deutlich und klar eine Stimme – ob innen oder außen, diese Unterscheidung war völlig hinfällig. Und diese Stimme bestand nur aus einem Wort: »Höre!« Bis jetzt, bis zum Augenblick des Briefschreibens ist mir dieses Erlebnis ganz nah: Es stimmt, trägt und ist »leere« Antwort. Und all meine Versuche, an diese »Sache« analytisch heranzugehen, zerschellten bislang.

Lieber Odilo, sieh mir diesen Ausflug in meine innere Biografie nach! Aber Deine Gedanken haben mich dazu ermutigt. Und gehört nicht vielleicht zum offenen Austausch über das Wozu auch das Aussprechen von antwortenden und paradoxerweise gleichzeitig nicht antwortenden, persönlichen Erfahrungen? Geheimnisse in diesem Sinn konstituieren uns alle. Aber wir mauern sie ein, trauen uns nicht, sie zu offenbaren. Verfehlen wir damit vielleicht den entscheidenden Zugang zu uns selbst, zu anderen und zum wie auch immer zu fassenden Sinn, dem Wozu des Ganzen?

6

Lieber Abt Odilo,

auch Du scheinst die Erfahrung des ewigen, schier nicht zu unterbrechenden Hirnens zu kennen: Die Gedanken ziehen und ziehen ... Man kann ihnen zusehen. Mir kommt das vor wie eine Seilbahn mit vielen, vielen Gondeln: In ihnen rotieren Gedanken auf einer Rundtour mit langer Wiederkehr. Das kann nerven, kann aber auch zu einer eigentümlichen Erkenntnis verhelfen. Diese Selbstbeobachtung erfasst mich als ein eingebettetes, durchlässiges Menschenkind. Ja: Die Gedanken ziehen; es sind zwar meine Gedanken, sie bewegen sich aber fast selbstständig; sie durchziehen mich; mein Kopf scheint Tore zu haben, durch die sich die Gondeln schieben. Und einmal auf diese Spur gesetzt, erschließen sich mir weitere Bahnen und Strömungen, denen ich ausgeliefert bin, von denen ich manchmal getragen, manchmal überspült oder auch weggerissen werde.

Das scheinbar gefestigte Ich erfährt sich als löchrig, durchlässig, eingebunden und ausgesetzt. Diese Wahrnehmung erschreckt mich von Zeit zu

Zeit. Aber wieder bewirken geduldiges Warten und Standhalten eine bislang ungeahnte, Gelassenheit befördernde Drehung. Die Ströme der Gedanken, Erinnerungen, Gefühle, Triebe und Assoziationen offenbaren mir plötzlich eine Weite, eine mehr als empirische Herkünftigkeit und unabsehbare Zugehörigkeit. Schrecken ja, aber auch Anerkennen dessen, was wirkt.

Lieber Odilo, mit etlichem Erstaunen erkenne ich, dass mir beim Nachsinnen über das Wozu unseres Lebens immer wieder auf den unterschiedlichen Ebenen dieser Nachdenkspirale ein entscheidender Schlüssel zugeworfen wird: Er öffnet eine Kammer von leuchtenden, rätselhaften, aufhelfenden, eher andeutenden Antworten. Mir klärt sich das Wozu anscheinend im Aufspüren größerer existenzieller Eingebundenheiten, die erfahrbar, immer deutlicher fassbar, aber nicht verordnet sind.

Du weißt um die schier unübersehbare Schar mystisch bewegter Wanderer, die dem Gedankenstrom, vielleicht auch dem reißenden Lebensstrom überhaupt zu entkommen trachten. Wie kann man das verstehen? Der Ausstieg aus dem Karussell, das deswegen gleichsam angehalten werden muss, soll der Erfahrung des Göttlichen im Leben dienen. Wie siehst Du die Not und die Wirksamkeit solcher Unterbrechungen? Sind wir Menschen auf der Suche nach einer Antwort darauf angewiesen, auszusteigen, beruhigt schauen zu lernen, uns dem Nicht-Wissen zugehörig zu fühlen? Wer weiß – münden solche Übungen vielleicht in die Anerkenntis unserer Einfallstore für anderes? Nicht hausen wir nur allein in uns, in unserem Ich. Nein, unser Ich realisiert sich ganz wesentlich als eine Wohngemeinschaft mit vielen, religiös gedeutet sicher auch mit Gott.

Lieber Odilo, jetzt nimmt aber die eingangs in diesem Brief erwähnte Gondelfahrt mich zittern lassende Fahrt auf. Steile Aufstiege sollen gemeistert werden. Wer fährt da mit, immer und wesentlich? Die Wahrnehmung des Glaubens ruht auf mitteilbaren Erfahrungen, hebt sie in Dimensionen, aus denen Antworten aufscheinen, die vielleicht sogar einigermaßen plausibel gemacht werden können.

Dieser Brief beansprucht mich. Gerade deswegen fällt mir wohl eine biblische Szene ein, die zu meinen Urszenen gehört. – Kennst Du solche Urmuster biblischer Beheimatung, die bei entscheidenden Suchbewegungen immer wieder und über die Jahre auftauchen? – Nun, bei mir ist es jetzt der Ölberg (vgl. Matthäus 26,36–44). In den dunklen Stunden vor seiner Gefangennahme ringt Jesus mit seinem Ein und Alles, mit seinem »Vater«. Ganz allein – wie wir wohl alle, wenn es um das Wozu geht – fragt er nach einem Ausweg aus dem ihm bevorstehenden Untergang. Die Gondeln kreisen. »Dein Wille geschehe« – da ist die Anerkenntnis. Das, was hier mit Wille benannt wird, ist nicht etwas, was ganz neu auf diesen Verzweifelten herabstürzt. Es wird das immer schon Wirkende, das Strömende, das nie nur Heitere, das uns immer schon Tragende und dann und wann erschreckend oder beglückend Überwältigende angesprochen.

Besteht in solcher Unterwerfung unter den »Willen des Vaters« schlussendlich die Antwort auf unsere Frage nach dem Wozu? Und ist »Unterwerfung« überhaupt das angemessene Wort für Anerkenntnis?

Lieber Winfried,

im letzten Brief hast Du die Unterwerfung unter »den Willen des Vaters«, das »Dein Wille geschehe«, vor allem in der Ölbergszene, als mögliche Antwort auf unsere Frage nach dem Wozu befragt. Eben das meint wohl Benedikt mit der Bereitschaft für die *opprobria* – für die Widrigkeiten in unserem Leben. Warum, so werden wir uns immer wieder fragen, gehört das Widrige zum Wesen der Suche nach Gott, zur Nachfolge Jesu? Die quälende Frage, warum es so viel Leid in der Welt gibt, warum Gott so viel Schreckliches in seiner Schöpfung zulässt, ist wohl die schwierigste Frage, die kein Theologe befriedigend beantworten kann. Antwort gibt uns nur Gott selbst: das Leiden des Gottessohnes. In Christus gibt Gott sich selbst hinein in das Leiden der Menschheit. Wir stehen vor dem Geheimnis der Freiheit, jener Freiheit, die der Schöpfer den Geschöpfen zuspricht. Er will, dass die Schöpfung, die er aus dem Nichts zum Dasein ruft, ihr Sein bejaht als ein Geschenk, das sie annehmen, aber auch ablehnen kann. Gott liebt das freie Ja der Schöpfung – darum ist ihr auch das Nein möglich. Dieses Nein ist die Weigerung, das eigene Dasein als Geschenk anzunehmen. Es ist ein den Menschen zerreißender Widerspruch: nicht von Gott sein zu wollen, ohne den man nicht sein kann.

Die Frage, wozu wir auf Erden sind, kann nur beantwortet werden durch ein Ja zum Dasein als Geschenk, nicht als Eigenbesitz. Der Weg des Menschen Jesus wird von den Evangelisten als »geheimes Müssen« geschildert. Es ist der Weg nach Jerusalem, zum Leiden und schmachvollen Sterben, aber auch zur Auferstehung am dritten Tag. An der ablehnenden oder verdrängenden Reaktion der Jünger wird deutlich, dass der zum Ziel führende Weg des Leidens vom Menschen zunächst abgelehnt wird. Aber es ist ein Weg, der durch das Dunkel zum Licht, durch das Widrige zur Vollendung, durch das Nein zum Nein zum endgültigen Ja führt. Das ist nicht Negation des Guten und Schönen, das wir in der Welt vorfinden, nicht Verweigerung der Freude und des Jubels, sondern die Entschiedenheit, sich das volle Ja des Lebens schenken zu lassen.

Wie für den Glaubenden Leiden und Sterben Jesu der Weg zur Fülle des Lebens ist, so führt auch für die Jünger die Annahme des Leidens zur wahren Freude.

Im Leiden begegnen wir auch dem Geheimnis der Liebe. Wer liebt, muss leiden, sagt ein alter Weisheitsspruch. Das gilt für die Liebe unter Menschen und auch für die Liebe zu Gott. Denn die Liebe verlangt immer noch nach mehr, nach dem Unendlichen. Sie spürt schmerzlich die Endlichkeit unserer Liebeskraft. Wahrhaft Liebende sehnen sich danach, für den Geliebten viel zu tun, für den Geliebten auch Ungemach und Leiden auf sich zu nehmen. Sie wollen zeigen, wie wertvoll er ist, indem sie bereit sind, ihm alles zu geben.

Bei vielen Heiligen finden wir die Sehnsucht, für den Herrn, für Gott zu leiden, mit Jesus zu leiden und solidarisch zu sein mit dem Leiden der Welt. Meister Eckhart spricht von der Gottesgeburt im Menschen, von der Kraft, mit der Gott den Sohn, sich selbst hineingibt in das Innerste der Seele. Er sagt: »Leidest du um Gottes willen allein, so tut dir dieses Leiden nicht weh und ist dir auch nicht schwer, denn Gott trägt die Last« (Predigt 2). Immer wieder fasziniert mich, wie Menschen in tiefster Erniedrigung und qualvollem Leiden auch das Schwere annehmen und die Liebe bewahren konnten und können. Ich denke da etwa an die Niederländerin Etty Hillesum, 1914 geboren, 1943 deportiert und im KZ Auschwitz umgekommen.

Von 1941 bis 1942 schreibt sie ein Tagebuch, in dem deutlich wird, wie sie, die liberale Jüdin, Gott sucht und auch in der größten Erniedrigung ihr Leben bejaht. 1941 notiert sie: »In mir gibt es einen ganz tiefen Brunnen. Und darin ist Gott.« Auch wenn oft Steine und Geröll auf dem Brunnen liegen – Gott muss wieder ausgegraben werden. Mitten in der trostlosten Umgebung kann sie niederschreiben: »Lass mich das denkende Herz dieser Baracke sein.« An anderer Stelle spricht sie von der moralischen Pflicht, »in uns selbst weite Lichtungen des Friedens zu schaffen und diese nach und nach auszuweiten, bis dieser Friede auch auf die anderen ausstrahlt«.

Du selbst, Winfried, hast ja Viktor Frankl zitiert. Als er mit seinen alten Eltern 1942 nach Theresienstadt deportiert wurde, sagte der Vater lächelnd: »Wie Gott will, ich halte still.« Viktor Frankl deutet dieses Wort so, dass sein Vater (in seiner liberalen, doch echt religiösen Lebenshaltung) »einen bedingungslosen Glauben an eine letzte Sinnhaftigkeit unseres Daseins zum Ausdruck bringen wollte«.

7

Lieber Winfried,

wieder muss ich mich drängende Gedanken direkt weiterführen. Denn natürlich können die *opprobria*, die Widrigkeiten, so sehr wir uns ihnen in unserem Leben stellen müssen, nicht das eigentliche Ziel sein. Als erstes hatte auch Benedikt die Bereitschaft zum *opus Dei*, zum Gottesdienst, zum göttlichen Werk genannt. Das 8. bis 20. Kapitel widmet er in seiner Regel dem gemeinsamen Gebet. Gottesdienst, Lob Gottes ist ja zugleich das Offenwerden für das Wirken, für die Wirklichkeit Gottes. Weil es sich hier um das Wirken Gottes und die menschliche Antwort handelt, hat das Gebet für die Ordnung des klösterlichen Lebens eine zentrale Bedeutung.

Darum sagt Benedikt auch im 43. Kapitel, dass dem Gottesdienst nichts vorgezogen werden dürfe. Wenn das Zeichen zum Gottesdienst ertönt, solle man alles aus der Hand legen und in größter Eile herbeikommen. Es geht um die Verherrlichung Gottes, die sich auch im den Psalmen und Responsorien angefügten »Ehre sei dem Vater«

äußert. Darum sollen sich die Mönche, wenn der Kantor das *gloria patri* anstimmt, alle in Ehrfurcht erheben.

Der Vorrang des Gottesdienstes mindert nicht den Wert der übrigen Aufgaben des klösterlichen Tages, der Lesung und der Arbeit, des gesamten gemeinsamen Lebens. Die über den Tag verteilten Zeiten des gemeinsamen Gebets machen nur deutlich, was das ganze Leben des Mönches ausmacht. Darum kommt auch das Motto benediktinischen Lebens *ut in omnibus glorificetur deus*, dass in allem Gott verherrlicht werde, im 57. Kapitel über die Handwerker im Kloster vor. Hier geht es darum, dass der Mönch seine Arbeit nicht aus Ehrgeiz und Geltungssucht verrichten soll, sondern als Dienst an und für die Gemeinschaft.

Benedikt kommt auch auf den Verkauf von Erzeugnissen der Arbeit zu sprechen. Er warnt vor Betrug und vor Habgier. Ja, man soll sogar etwas billiger verkaufen, als es sonst außerhalb des Klosters möglich ist. Und genau hier fügt er diesen Grundsatz ein: damit in allem Gott verherrlicht werde – die Gloria, die Herrlichkeit Gottes, soll in allem aufleuchten. Die Herrlichkeit Gottes in der ganzen Schöpfung wahrzunehmen, in allem, was im Kloster geschieht, und darum auch die Antwort dankbaren Lobes zu geben, erweist sich so als das durchtragende Ziel des Lebens.

In der Heiligen Schrift ist immer wieder von der Herrlichkeit Gottes die Rede, von seinem Glanz, von seiner Kraft. *Gloria in excelsis Deo* – Herrlichkeit, Ehre sei Gott in der Höhe, singen vor den Hirten auf dem Feld von Betlehem die Engel. Und sie verheißen auch den Menschen Frieden auf Erden. Besonders im Johannesevangelium ist immer wieder die Rede davon, dass Jesus im Zeichen die »Herrlichkeit« offenbart, etwa bei der Hochzeit zu Kana. Das Ziel seines Weges ist, dass Gott verherrlicht wird und dass Gott in ihm verherrlicht wird. Auch in der Stunde des Leidens: »Jetzt ist der Menschensohn verherrlicht und Gott ist in ihm verherrlicht«, sagt Jesus, als Judas ihn beim Abschiedsmahl verlässt (Johannes 13,31). Und Jesus betet später: »Vater, die Stunde ist da, verherrliche deinen Sohn, damit der Sohn dich verherrlicht« (Johannes 17,1).

Von der Herrlichkeit Gottes ergriffen zu werden und im Leben Gott zu verherrlichen, kann ich darum als die eigentliche Aufgabe des benediktinischen Lebens betrachten. Sehr beeindruckt hat mich einmal das Wort eines jungen Dozenten in Salzburg. Als er mich als Benediktiner erkannte, sagte er: »*O, jubilatio.*« Ja, frohen Jubel, Lobpreis in allem kann ich auch als – freilich oft versäumten – Auftrag meines Lebens erkennen. Wenn wir die Gestaltung unseres Tages und der klösterlichen

Gebäude als Aufgabe betrachten, dann können wir so etwas vom Glanz Gottes, von seiner Schönheit aufnehmen und auch anderen weitergeben. Für uns alle gilt: Wenn wir einen Raum, einen Text, eine Musik gestalten, können wir etwas vom Glanz Gottes aufscheinen lassen, erfüllen wir den Auftrag des Schöpfers, der den Menschen in den Garten von Eden setzt, damit er ihn bebaue und hüte (Genesis 2,15). Er führt dem Menschen die Tiere des Feldes und die Vögel des Himmels zu, damit er allen den Namen gebe (Genesis 2,20).

Etwas benennen und gestalten zu dürfen, ist mir Freude und Auftrag zugleich. Mir schien es Aufgabe des Priesters zu sein, zu dieser Freude auch andere Menschen zu begleiten. Darum wählte ich als Primizspruch das Wort: »Gehilfe eurer Freude« (2 Korinther 1,24).

Das Motto »In allem soll Gott verherrlicht werden« könnte ich als benediktinische Antwort auf die Frage »*Wozu* sind wir auf Erden?« anführen. Trotz allen Leids, trotz alles Schrecklichen in der Welt ist es dem Glaubenden möglich, Herrlichkeit, Schönes zu entdecken, aufzunehmen und auf Gott zurückzuführen, Gott zurückzugeben. Der 88-jährige Schriftsteller Martin Walser spricht davon, dass der Glaube die Welt schöner mache. Kardinal Marx hat es in einem Gespräch mit ihm so ausgedrückt:

»Der Gedanke der Schönheit kann in die Alltäglichkeit hineinkommen. Sich einladen zu lassen in den Glauben, soll dem Leben Glanz geben.« Und Martin Walser ergänzt: »Die Fähigkeit, etwas schön zu finden, woher haben wir das? Das ist schon ein Transzendenzbedürfnis.« Mitten in unsere Welt des Leidens, des Schreckens, des Todes ist in Christus Gottes Herrlichkeit eingetreten, um auch uns an dieser Herrlichkeit Anteil zu geben – in seiner Hingabe und in seiner Auferstehung.

Lieber Odilo,

Deine letzten Briefe zeigen mir eindrucksvoll, worin der große Vorteil eines durch gefasste und vorgegebene Worte begleiteten, gedeuteten und auch immer wieder geordneten Lebens bestehen kann. Mit Belegen aus der Benediktsregel vermagst Du, den Weg Deines Lebens mit Geländern auszustatten: Diese geben Halt, weisen in unübersichtlichen Zeiten auch die Richtung, verhindern mögliche Abstürze.

Was aber bleibt dem Weltenkind, das solche über die Zeiten des eigenen Lebens und dann auch noch über die Jahrhunderte wirkenden Worte eher nicht kennt? Gut, auch mir fallen Kontinuitätsgeländer aus Worten, Weisheiten, manchmal sogar in reichlich banaler, aber hoch wirksamer Gestalt ein. In ihrer Ambivalenz stabilisierende Muster aus Kindertagen, in ihrer Schönheit mitgegebene Ritualisierungen aus dem einstigen Elternhaus, aber durchaus auch Maximen in sprachlicher Gefasstheit gehören zu meinem Lebensrucksack. Mir manchmal rätselhafte Haltungen, vorrationale

Überzeugungen und Gestimmtheiten entschärfen den Entscheidungsdruck des kleinen und großen Wozu sicherlich. Der Schatz an literarischen, fast mantraähnlich sich durchhaltenden Sprachgeschenken oder auch musikalischen Richtungs- und Erinnerungssignalen hilft, Brücken über das Alltagsgewurstel hinweg zu schlagen.

Ja, und in diesem Zusammenhang leuchtet mir durchaus ein, dass einstens und vielleicht in veränderter Form auch heute jene von Dir früher erwähnte Formel des Katechismus »Wozu sind wir auf Erden? ... um Gott zu erkennen, ihn zu lieben, ihm zu dienen und dadurch einst in den Himmel zu kommen« zu solchen Geländern aus Worten, einprägsamen Maximen gehören konnte beziehungsweise könnte. Wenn ich genau hinschaue, dann haben wir in unseren Briefen insgeheim und mir so von vorneherein auch nicht bewusst etliche Elemente dieser weisen Formel bedacht: mit anderen Worten, anderen Inhalten, aber doch der hilfreichen alten Struktur wie einem Geheimcode folgend.

Das passiert mir nicht zum ersten Mal, dass ich im genauen Hinsehen auf überkommene Worte, Sätze und Weisheiten zum Spurenleser werde. Ich sehe in ihnen Warnschilder, fürs eigene Leben und seine Einrichtung Wesentliches nicht zu vergessen oder zu übersehen: der Wille Gottes also, der schwer fassbare, die Erkenntnis, der Dienst und dann auch noch der Himmel. Ja, wenn Vorurteile und tatsächlich viel zu enge traditionalistische Deutungen dieses Katechismussatzes einmal verdaut und entsorgt sind, dann richtet sich ein Bogen und eine Größe an Erwartungen an unser Leben auf, dem unser heutiges Antworten auf das Wozu vielleicht Etliches abgewinnen könnte. Die alte Katechismusformel kann im Herzen ruhen, um – neu gefasst – zu einer der nichtantwortenden Antworten zu werden, die wir – davon bin ich fest überzeugt – brauchen.

Lieber Odilo, Du kommst in einem Deiner letzten Briefe auf die Verherrlichung Gottes als einer spezifisch benediktinischen Antwort auf die Lebensaufgabe zu sprechen. Du konfrontierst sie selbst mit dem persönlichen und gesellschaftlichen Leid. Zu schaffen machen diesem Jubel, in den ich nur zu gern einstimmte, darüber hinaus Katastrophen, an denen Menschen nicht direkt und ursächlich beteiligt sind. Dennoch: Der Jubel, »das Lied überm Staub« (Ingeborg Bachmann), vermag sich seine Bahn zu brechen. Behindert, vom Verstummen bedroht, der Verzweiflung abgerungen, nach jahrelangem Schrei vielleicht staunend wieder zugelassen ...

Und eigentümlicherweise weist mir unsere Katechismusformel auch da wieder eine nicht vermutete Spur. Ist Dir auch schon aufgefallen, dass sie fragt »*Wozu* sind wir auf Erden?« und nicht »*Warum* ...«? Auf den ersten Blick vielleicht eine Nebensächlichkeit. Doch wieder das genaue Hinsehen!

Unser Leben und das Leben vieler Menschen wirft immer wieder die Frage nach dem *Warum* auf: Warum diese Krankheit, warum diese unterdrückenden Strukturen, warum dieser Verbrecher, warum diese Katastrophe, warum diese Trennung ... Warum also lebe ich oder erlebe ich das?

Ein nicht zu beendendes Fragenkarussell dreht sich, vielfach vom Motor von Schuldgefühlen und fesselnden Vorwürfen angetrieben. Dann waren es die anderen, die Eltern, die versagende Technik, die Gene ... und ein Gott in seiner Unberechenbarkeit, Willkür und Gewalttätigkeit. Die Menschheit schlägt sich mit dem Warum herum. Große Literatur und tragische Existenzentwürfe entspringen hier und nehmen von daher ihre Würde und überzeitliche Gültigkeit. Ich verstehe den Drang zum Warum.

Doch warum, lieber Odilo, finden wir in dieser Warum-Haltung keinen Frieden? Von einer Antwortebene fallen wir auf die nächste. Und wer nicht aufpasst oder vom Schicksal zum unverbesserlichen

Schönfärber begabt ist, der oder die saust in den dunklen Keller des Zynismus und der Depression. Und nun jene alte Formel: Sie fragt eben nicht Warum, sondern *Wozu*.

Und das scheint der kreative Dreh, der Schlüssel vielleicht, um aus dem unendlichen Fragen herauszukommen, es zu stoppen – ohne es zu verleugnen und dumm-lustig zu ignorieren. Worin besteht der existenzielle Mehrwert der Entdeckung des Wozu? Sollten wir nicht lebenslang einüben, das Warum mit einem Wozu zu überschreiben?

8

Lieber Winfried,

wir haben mit guten Gründen die allgemeine Frage, wozu der Mensch auf Erden ist, mehr oder minder eingeschränkt auf die persönliche Frage, wozu *wir* auf Erden sind. Für mich verbirgt sich dahinter die religiöse Frage schlechthin: Was will Gott von mir? Aber im religiösen Kontext ist der Anruf Gottes an mich zugleich der Anruf dessen, der alle Menschen in Dienst nimmt und zum Heil führt, der der Ursprung der ganzen Schöpfung ist und zugleich das Ziel der Vollendung. Freilich sehen wir auch in der religiösen Betrachtung des Zieles unseres Lebens durchaus verschiedene Ansätze. So wird beispielsweise das Wozu unseres Erdendaseins von vielen Frommen ganz auf die himmlische Vollendung gerichtet. Unser irdisches Leben ist nur die Vorstufe, die Vorbereitung des Himmels. Es gilt, sich dort einen guten Platz zu sichern. Andere haben den Akzent ganz auf das christliche Leben hier auf Erden gelegt. Es gilt, hier die Welt nach dem Willen Gottes gut zu gestalten. Ich kann die Vaterunserbitten so zugleich als unseren Auftrag sehen, dass das Reich Gottes, das Reich des Friedens, der Gerechtigkeit und Liebe kommt, indem es in unserem Denken und Tun Gestalt gewinnt, indem Gottes Wille auch auf Erden geschieht. Es geht also nicht darum, dass durch gute Gedanken und Werke sich der Einzelne einen Platz im Himmel sichert, sondern dass er diese unsere Welt nach dem Willen Gottes verändert.

Hier eröffnet sich eine große Gemeinsamkeit mit nicht religiös motivierten Bestrebungen. Gerade in unserer Zeit wird so der Dialog mit Atheisten möglich und notwendig. Ein Beispiel stellte vor Kurzem die *Neue Stadt*, Zeitschrift der Fokularbewegung, vor. Franz Kronreif, Architekt und Theologe, führend in der österreichischen Fokularbewegung und von 2007 bis 2014 im römischen Zentrum dieser Bewegung tätig, ist eng befreundet mit Walter Baier, der von 1994 bis 2006 Vorsitzender der österreichischen Kommunisten war und ein Netzwerk aus 27 linken Forschungs- und Bildungseinrichtungen koordiniert. Vor dem zweiten Irakkrieg und nach dem leidenschaftlichen Friedensappell des Papstes haben sich beide zusammengetan und, wie das österreichische Fernsehen betonte, »eine Friedensbewegung neuen Typs« entstehen lassen. Kronreif hält den Dialog auch mit Atheisten für wichtig: »Sie haben uns sehr viel zu geben. Nicht zuletzt brauchen wir sie, damit wir selbst unsere eigene Botschaft besser verstehen können. Der Dialog mit Atheisten war eine Vertiefung im Christentum, wie ich sie vorher nie erlebt habe.« Es ist für den religiösen Menschen durchaus eine ernste Aufgabe, auch gemeinsam mit Nichtglaubenden nach dem zu suchen, was das Ziel menschlichen Einsatzes in dieser Welt sein kann.

Wir können mit möglichst vielen Menschen danach suchen, was heute unsere Aufgabe in der augenblicklichen geschichtlichen Situation ist. Gerade die Vorgaben des christlichen Glaubens können das Gemeinsame an Zielen unseres Engagements deutlich machen. Freilich: Der Glaube an den einen Gott muss auch vor der Absolutsetzung irdischer Ziele warnen. Vor gut siebzig Jahren endete die nationalsozialistische Herrschaft, vor sechsundzwanzig Jahren das kommunistische Regime der DDR. In einem Fahnenlied hieß es 1937: »Was die tausend Jahre harrten, zwang der Führer in die Zeit. Mit den Fahnen und Standarten zieht es brausend in die Ewigkeit.« Und 1950 formulierte ein Gedicht von Johannes R. Becher, dem Kultusminister der DDR, anlässlich des Pfingsttreffens der FDJ (mit ihren blauen Hemden): »Ein blaues Wunder ist geschehen, das alle uns sich wandeln lässt. Und die blauen Friedensfahnen wehen – O Pfingsten: neues Menschheitsfest.« Ähnliche Vergötzungen partikulärer irdischer Ziele ließen sich im Fortschrittsdenken der Neuzeit und in den Werbesprüchen der Wirtschaft unserer Konsumwelt feststellen. Die biblische Mahnung, keine Götzen anzubeten, könnte hier gerade auch im Dialog reinigend wirken.

Ein anscheinend belangloses Schulerlebnis im September 1943 ist mir für das ganze Leben erhellend geworden. Ich will es hier erzählen. Ein neuer Geschichtslehrer begann seinen Unterricht mit einer Frage: »Was, Buben, glaubt ihr, ist das wichtigste Ereignis der Weltgeschichte?« Wir gaben eine Menge Antworten aus dem anstehenden Jahresstoff, aus der deutschen Geschichte bis zum Zweiten Weltkrieg und der nationalsozialistischen Machtergreifung. Der Lehrer lächelte jeweils: »Nicht so wichtig.« Als wir nichts mehr zu sagen wussten, antwortete er: »Das wichtigste Ereignis der Weltgeschichte ist natürlich das, wonach wir unsere Jahre zählen.« Da ist mir erstmals aufgegangen, wie wichtig der Glaube im Auf und Ab der Geschichte ist. Der Glaube zeigt: Der Ursprung und die ewige Vollendung der Geschichte werden mitten in der Geschichte gegenwärtig, gehen mit uns und verheißen, dass Sinn und Ziel dieser Geschichte in Christus gegenwärtig sind.

Im neutestamentlichen Buch der Offenbarung ist von der mit sieben Siegeln versehenen Buchrolle in der Hand Gottes, des Herrschers über die ganze Schöpfung, die Rede. Niemand »konnte das Buch öffnen und es lesen«. Aber da tritt das Lamm heran und empfängt das Buch: »Würdig bis du, das Buch zu nehmen und seine Siegel zu öffnen (Offenbarung 5,9). Angesagt wird: Wie dunkel und verwirrend die Geschichte der Menschen auch sein mag, sie ist in der Hand Gottes. So kann der Glaube sich mit hineingeben in das allgemeine Suchen nach den Aufgaben des Menschen in dieser Welt. Wir können im Dialog mit anderen besser erkennen, was in unserer Gesellschaft zu tun ist. Der Glaube an den einen Gott entlarvt daher die Absolutsetzung irdischer Ziele und bewahrt vor der Verzweiflung, wenn wir an innerweltlichen Zielen scheitern.

Lieber Abt Odilo,

vor mir liegen Deine letzten Briefe, die einen weiten Horizont abschreiten. Du öffnest meinen Blick für das Ganze der Schöpfung, der Welt, für die Solidarität mit und von Menschen unterschiedlicher Überzeugung und Gläubigkeit. Du entwirfst Antworten auf das Wozu durch das Engagement für eine bessere Zukunft, für ein gutes Leben möglichst vieler. Ich brauche solche Scheinwerfer, die in ihrem Lichtkegel etwas klar und deutlich sichtbar machen, das ich sonst übersehe. Ich weiß aber auch, dass das Dunkle, Wirre, vielfältig Lebendige außerhalb dieses Lichtkegels weiter wuchert beziehungsweise einfach da ist; ja, dass der gedankliche Lichtkegel Leben, das in ihm erscheint, auch fixiert und erstarren lassen kann.

So geht es mir nicht selten mit Konzepten und lassoähnlichen Entwürfen des Lebens und seines Sinns: Sie fangen Ausschnitte ein und sortieren damit wesensgemäß vieles aus. Sie wirken auf mich wie Laboratorien aus Gedanken. Sie sind Modelle und Abstraktionen. Wohl sind sie immer wieder notwendig, um irrwitzig buntes, durchaus auch in die Ohnmacht treibendes Leben übersichtlicher und handlungsoffener erscheinen zu lassen.

Antworten auf das Wozu meines, unseres Lebens können faszinierend vereinfachen und vermögen so meine eigene Zerstreutheit und oberflächliche Hingabe an das gerade Fällige zu verringern. Ich glaube – und da bin ich wieder bei Deinen lebenslang erprobten und bewährten benediktinischen Rahmensetzungen –, dass von daher auch meine biografisch konstante Zuneigung zum »mönchischen Prinzip« rührt. Leben kann als Kampf, der Körper als Fechtplatz und der Alltag als »Welt« verstanden werden. Und plötzlich leuchtet mir dann – phasenweise kehrt das immer wieder – ein, dass Klarheit aus Rückzug, dass Antwort aus Reduktion folgen kann. Der »Mönch in uns« also aktiviert sich.

So gesehen wird das Wozu – und vielleicht muss das auch immer wieder so sein – ruhiggestellt durch ein besonderes Exerzitium, eine Art asketische Übung, ein bewusstes Zurückweisen des inneren und äußeren Geschiebes und Gekämpfes. Daher vielleicht die Sehnsucht so vieler nach Stille, nach Meditation und Gedanken-Losigkeit.

Odilo, es passt, dass ich gerade diesen Brief in der Zurückgezogenheit und erholsamen Ruhe einer alten Mühle auf dem Land in den italienischen Marken an Dich schreibe. Gestern besuchte ich eine grandios einsam gelegene, von Bergen beschützte Mönchsabtei mit über tausendjähriger Tradition. In ihrem Namen führt sie das Motiv der Quelle: Klarheit, Reinheit, Bewusstheit und Schönheit ... Ich suchte. Und was fand ich? Hunderte von jungen und älteren Menschen kamen und kamen. Lachen, Stimmen über Stimmen, treppauf und treppab. Gottesdienst und Sonntagspicknick. So erging mir das reichlich ernüchternd mit der Konzentriertheit, der Stille, der Sehnsucht nach Antwort durch Rückzug.

Ja, Vitalität bricht sich immer die Bahn, ob ich will oder nicht. Die Spannung des scheinbar Unordentlichen, das Hin und Her der Gewalten, der anfängliche Ärger über und dann die glückselige Freude am weltlichen Getümmel: Sie werfen – nicht nur bei diesem Klosterbesuch – die sehnsüchtig verfolgte, doch vereinfachende Wozu-Konstruktion über den Haufen.

Lieber Odilo, so sieht es bei mir aus: Der Abt, der weise Mönch, der geschätzte geistliche Freund mahnt mich, provoziert mich. Und dennoch: Mein Eigenes will im weltlichen Getümmel gefunden sein!

9

Lieber Winfried,

frühere Zeiten haben das Wozu unseres Lebens oft ganz auf die Zeit nach unserem Sterben gerichtet: Leben, um in den Himmel zu kommen. In der Tat gibt Benedikt im 4. Kapitel der Regel über die Werkzeuge der Geistlichen Kunst auch die Weisung: »Den unberechenbaren Tod täglich vor Augen haben. Das ewige Leben mit allem geistlichen Verlangen ersehnen.« Als junger Mönche kam mir das etwas übertrieben vor, als eine Gefahr, unnötig Angst und Dunkel in mein Leben zu bringen. Aber ich habe mehr und mehr erkannt, dass die Wahrheit, einmal sterben zu müssen, mich nicht bedrückt und beengt, sondern befreit. Befreit zu einer Sicht der Dinge und der Beschäftigungen meines Lebens, die das Gute und Wichtige von Nebensächlichem unterscheiden hilft. Wenn ich mich am Abend in die Situation des Sterbebettes versetze, dann wird das, was mich heute vielleicht ungemein geärgert oder auch was mich mit rauschhaftem Glücksgefühl oder mit Stolz über einen Erfolg erfüllt hat, ziemlich unwichtig. Aber ich spüre auch, dass mir ein schöner Anblick der Berge, die ehrliche Zuneigung eines Menschen oder auch das, was ich selbst, vielleicht ganz im Verborgenen, an Gutem tun durfte, auch noch auf dem Sterbebett Freude schenken wird.

In den Jahren der Nachkriegszeit hat mich kaum etwas so bewegt, aber mir auch Mut und Klarheit gegeben wie die Briefe der Verfolgten und Hingerichteten der Nazizeit. Beispielsweise die Briefe der jungen Menschen der Weißen Rose. So schreibt Christoph Probst am Tag der Hinrichtung 1943 an die Mutter: »Ich danke Dir, dass Du mir das Leben gegeben hast. Wenn ich es recht bedenke, so war es ein einziger Weg zu Gott.« Und der Gefährte Hans Scholls, Alexander Schmorell, die sich beide hier bei uns in der Bibliothek von St. Bonifaz Rat holten und wertvolle Bücher vor dem Zugriff der Nazis retten wollten, indem sie sie in die Wohnung von Vater Schmorell brachten, schreibt an seine Schwester am 2. Juli 1943, dass seine Stimmung meistens besser ist, als sie es früher in der Freiheit war. »Dieses ganze harte Unglück war notwendig, um mich auf den wahren Weg zu bringen – und deshalb war es eigentlich gar kein Unglück. Vor allem bin ich froh und danke Gott dafür, dass es mir gegeben war, diesen Fingerzeig Gottes zu verstehen und dadurch auf den rechten Weg zu gelangen.« Die orthodoxe Kirche hat ihn, den Sohn eines Russen, inzwischen selig gesprochen.

Selbstverständlich stoßen wir auch in den Abschiedsbriefen nicht kirchlich Gebundener auf eine große Gelassenheit und die Gewissheit vom Sinn ihres Sterbens. So schreibt am 8.2.1943 Wilhelm Thews, Tiefbautechniker und Mitglied einer kommunistischen Widerstandsgruppe, an seine Eltern, wie er an seinem letzten Tag einen strahlend blauen Himmel sieht: »... ein Omen soll mir das sein, dass die Liebe und das Licht den Tod überwinden ... was von uns unsterblich ist, wird sich in der großen Symphonie der Liebe und Freude vereinen. Unser Leben war die Überwindung des Bösen. Ich habs gesagt und nehm es nicht zurück. Leben heißt lieben, lieben ist Glück.«

Besonders bewegen mich die Briefe von Helmuth James Graf von Moltke. Er wurde am 23.1.1945 hingerichtet und empfand es als besondere Gnade, dass er schließlich wegen seines Christseins den Tod erlitt. Er schreibt an seine Frau von dem entscheidenden Satz Roland Freislers, des berüchtigten Nazi-Richters: »Herr Graf, eines haben das Christentum und wir Nationalsozialisten gemeinsam, und nur dies eine: Wir verlangen den ganzen Menschen.« Und Roland Freisler fragt: »Von wem nehmen Sie Ihre Befehle? Vom Jenseits oder von Adolf Hitler?« Und Moltke gesteht seiner

Frau die große Freude, dass er nicht als Adeliger oder als Großgrundbesitzer, als Vorbereiter eines Putsches oder als deutscher Protestant, sondern als »Christ und als gar nichts anderes« verurteilt wird. Er schreibt: »Der Auftrag, für den Gott mich gemacht hat, ist erfüllt.«

Lieber Abt Odilo,

»Ungestraft« – ich habe das bereits angedeutet – schreibt man sich anscheinend mit einem herzensgebildeten und erfahrungsklugen Mönch keine Briefe zum Wozu unseres Lebens auf Erden. Und nicht »ungestraft« pries ich wohl unlängst in einem meiner Briefe die verborgene Weisheit einer alten Katechismusformel, die sich auf den Himmel ausrichtet. Denn anrührend und tiefen Respekt aufrufend weist nun Du auf letzte Zeugnisse tapferer, das gewaltsame Ende ihres Lebens annehmender, den »Himmel« gerade jetzt wissender Menschen hin. Gottlob ist mir bislang solche Tapferkeit erspart geblieben, solches Zeugnis nicht abverlangt worden. Ja, wie steht es mit der womöglich letzten Zuspitzung unserer Wozu-Frage: Wir leben auf Erden, »... um einst in den Himmel zu kommen«?

Wie so vieles in unseren Briefen muss ich diesen Ausblick auf die Seligkeit ewigen Glücks aus- und offenhalten. Was ich aber wieder deutlich spüre, ist die Größe, die Höhe und Weite, die mir dieser »Himmel«, wenn er mein Menschenbild durchatmet, zurechnet. Große Fragen dürfen nicht kleingeredet werden. Sie beantworten zu wollen oder zu können, wäre das Eine. Sie aber in ihrer Dehnungskraft für meine Seele und meine Gedanken immer wieder an mich heranzulassen, ist das andere. Vielleicht liegt hier der Sinn unseres Briefwechsels?

Ich wage aber dennoch, geklärt durch unsere zurückliegenden Briefe, fast zusammenfassend noch einmal eine, meine kleine, vielleicht zu kurz greifende, eher bescheidene, scheue Zuspitzung. Den »Himmel«, auch die Hinweise auf das Schicksal der Menschheit, auf die Not und das schreiende Elend all überall muss ich an mich heranlassen: Der Egoverliebtheit gilt es immer wieder zu wehren.

Doch kehre ich zurück zur Macht und zum Anspruch des mir nahen Augenblicks. Neulich beim Sonntagsgottesdienst in St. Bonifaz, Deiner Kirche in München, konnte ich meine Augen nicht von einem alten Paar lösen: sie im Rollstuhl, er sie begleitend. Gesichter geformt von gelöstem Vertrauen zueinander. Beim abschließenden Segen legte er seine Hand auf ihre Schulter. Sie hob, zaghaft fast, aber sicher in der Richtung, ihre Hand und legte sie auf die seine. Lieber Odilo, ich sah, ich wusste in diesem Augenblick die Antwort auf das Wozu!

Schau, ich »weiß« um das Bizarre, das Grausame, das unendlich Schwierige menschlicher Existenz. Relativ verschont und behütet erfahre ich mich. Ich denke über das Recht resignativer, das heißt aber nicht tatenloser Einsicht nach: »Arme habt ihr alle Zeit um euch!« Ich sehe mein Glück und meine Aufgabe darin, dann und wann an Inseln kleinerer Seligkeiten, hiesigeren Himmels und stillerer Geborgenheit mitzuwirken. Ich habe Dir schon einmal von der Ambivalenz einer solchen Haltung geschrieben. Es passt aber für mich: Hände offen halten, Augen darauf richten, das Herz weiten! Für, ja für das kleinere Glück: gestaltbar, doch immer auch geschenkt.

Ist das eine lebbare Antwort auf das Wozu, eine tragfähige auch? Da waren wir ja beieinander: Sinn erschließt sich im Tun, in einer Situation, die mich anfragt. Sinn, das ist wohl der schwierigere Teil, bewährt sich aber auch im Lassen dessen, was mir und anderen auf Dauer schadet.

Lieber Odilo, andere Augenblicke der Gewissheit, der flutenden Freude, des verschwebenden Einverständnisses könnten nun erzählt werden. Doch Briefe ersetzen eben nie das persönliche Gespräch. Auch Dir ist beispielsweise Musik Vorschein von Größerem: Wie augenblickshaft ist ihr Erleben, wie zart ihr Segen, wie wirksam aber dennoch ihr in unseren Alltag ausstrahlendes Versprechen, ohne weitere Fragen im Hier und Jetzt in einer aufblitzenden Antwort zu *sein*!

10

Lieber Winfried,

mit Recht hast Du betont, wie wichtig es sein könnte, die Warum-Frage in die Wozu-Frage zu verwandeln. Dennoch können wir der Warum-Frage nicht entgehen. Der suchende, forschende, reflektierende Geist muss sie stellen. Darum fragt ja auch Jesus mit dem Psalm 23: »Mein Gott, warum hast du mich verlassen, bist fern meinem Schreien?« Darum fragt Hiob: »Warum verbirgst du dein Angesicht?« (13,24). Oder ganz grundsätzlich: »Warum ließest du mich aus dem Mutterschoß kommen?« (10,18). Wir dürfen und müssen fragen und suchen nach den letzten Gründen. Aber vor allem müssen wir akzeptieren, dass Gott, der Urheber, der Ursprung, für den Menschen Geheimnis, unbegeifbar, unergründbar bleibt. Und doch darf der Mensch die Zuwendung Gottes erfahren und damit eine Antwort auf das Wozu seines Lebensweges. Darum kann Hiob am Ende (42,5) sagen: »Vom Hörensagen nur hatte ich von dir gehört, jetzt aber hat meine Auge dich geschaut.« Hier ist Hören als etwas Äußerliches aufgefasst, als Gotteswissen bloßer

Tradition. Gottschauen aber ist der innere Vorgang der Gotteserfahrung, das Wirken des Gottesgeistes im Menschen, der ihm einen Sinn des Weges, ein Wozu eröffnet.

Das Wozu der Menschen klärte sich mir auch im Denken des Jesuiten und Paläontologen Pierre Teilhard de Chardin. Er suchte, den christlichen Glauben an Gott und Himmel und das Fortschrittsdenken des modernen Menschen und die Erkenntnisse der Evolution zu verbinden. Es freute mich – ich darf Dir das in diesem Zusammenhang schreiben –, dass sich im übrigen in St. Bonifaz ein Gesprächskreis der Teilhard-de-Chardin-Gesellschaft bildete, lange betreut von Margot Hausenstein, der Gattin von Wilhelm Hausenstein, dem Kunstschriftsteller und ersten deutschen Botschafter nach dem Zweiten Weltkrieg in Paris. Später lebte diese ungemein lebendige Frau noch in den USA bei ihrer Tochter und starb im Alter von 107 Jahren bei einem Kongress in Havanna. Ich durfte sie dann auf dem Bogenhauser Friedhof in München bei ihrem Gatten beerdigen.

Besonders bewegt hat mich ein Vortrag Teilhard de Chardins über das Glück des Menschen, den er am 28.12.1943 in dem damals von den Japanern besetzten Peking hielt. Er begann mit einem

Vergleich der Glücksvorstellungen der Menschen, dargestellt an einer Gruppe von Ausflüglern, die aufgebrochen sind zu einer Bergtour. Nach einigen Stunden zeigt sich die Verschiedenheit der Menschen. Die einen bedauern, das Tal verlassen zu haben und ermüdenden Anstrengungen und Gefahren ausgesetzt zu sein. Die Müden entscheiden sich, zurückzukehren ins Tal, vielleicht, um sich nochmals schlafen zu legen. Eine zweite Gruppe bereut nicht, bis zu dieser Anhöhe gekommen zu sein. Sie will sich in die Wiese legen, den Wald durchstreifen, den Augenblick genießen. Die dritte Gruppe, die wahren Alpinisten, wenden ihre Augen nicht vom Gipfel. Sie brechen von Neuem auf, begeistert vom großen Ziel. So stehen das Glück der Ruhe, das Glück des Vergnügens und das Glück des Wachsens und der Entwicklung nebeneinander. Aber für Teilhard kann nur die Begeisterung für ein großes Ziel die tiefe Sehnsucht des Menschen befriedigen. Das Universum ist nicht Starre, sondern Bewegung, Evolution, Entwicklung. So kann Teilhard vom Glück des Wachsens, des Liebens und schließlich des Anbetens sprechen. Alles geht einem größeren Glück entgegen. Wir dürfen auch in winzigem Tun das Unermessliche anstreben. Die Begeisterung für ein großes Ziel, für die Entwicklung dieser unserer Welt, die in Liebe gestaltet, durch die Liebe Gottes verwandelt wird, macht den Menschen wirklich glücklich. Das Zweite Vatikanische Konzil hat vor fünfzig Jahren in der Konstitution über die Christen in der Welt von heute aufgewiesen, wie sich Gestaltung der Welt und Ausrichtung auf Gott verbinden lassen.

Sicher können wir mit vielen Menschen die Begeisterung für eine Entwicklung zu einer besseren Gesellschaft hin teilen. Für den Glaubenden sind aber darüber hinaus alle Gefahren des Fortschritts, alle Rückschläge und Katastrophen nicht entmutigend, sondern in die Erwartung der von Gott geschenkten Vollendung hineingegeben.

Lieber Abt Odilo,

weite Wege haben wir zurückgelegt. Berührt von seinem die Welt, den Kosmos, das Göttliche, die Einzelnen umfassenden Elan erinnerst Du abschließend im letzten Brief an Teilhard de Chardin. Ihm zustimmend thematisierst Du die Begeisterung für ein großes Ziel, das unsere menschliche Sehnsucht erst befriedige. Ich lasse mir das ins Herz geschrieben sein. Weiß ich doch, dass auch für Dich dabei der Sog des Fragens nicht aufgehoben ist. Ich bewundere Deine hoffende Kraft, die zusammenbringt und schaut, die in Gott heimatlich ruht und immer wieder aufbricht, um einst in ihm vollendet zu sein.

Viel bleibt mir nicht mehr zu schreiben. Mir gefällt aber, auf Deinen Gedanken des unendlichen Jubels zurückzukommen. Die Momente des Glücks, des Überfließens, des Einverständnisses, des antwortenden Bescheidwissens, des stillen Wohnens bei sich und damit mit anderen und IHM hole ich zurück: Wie ein befreiendes morgendliches Durchatmen verstehe ich die mit ihnen geschenkte fraglose, antwortlose Antwort. Ich »mache« mir nicht den Atem, es atmet ...: manchmal erlebt als ein glückseliges Durchströmtsein, das ich bin – doch verwoben in eine Lebenskraft, die uns alle singen, laufen, dann und wann tanzen und eben auch jubeln lässt.

Jene alte Wozu-Formel aus dem Katechismus habe ich, haben wir durchgekaut. Ich kann ihr etwas abgewinnen, empfinde sie jetzt aber auch als penetrant und erfahrungslos abstrakt hingestanzt. Dennoch höre ich weiterhin genau hin: »... in den Himmel kommen«! Das klingt mir durchaus auch fein, verheißungsvoll und nachvollziehbar, wenn, ja wenn wir unseren liebenden Versuchen, dem Augenblick gerecht zu werden, treu bleiben.

Was schenken mir diese Briefe, lieber Odilo? Ein ahnendes Verständnis des Seins im Glück. Ein zitterndes Ja zum Lieben. Ein schwebendes Gewisswerden der Durchsichtigkeit unserer Erfahrungen. Ein Zutrauen zur Fraglosigkeit und zum Leben aus und in ihr. Hören und Lauschen, wie die fern-nahe Lebensmelodie klingt!

Melodie meint, einen in allen erklingenden Lebenswunsch zu erlauschen. So lässt sich mitmenschlich überstehen: im zaghaft-scheuen Jubel nicht mehr nur fragen, sondern dankend mit der einen oder dem anderen singen. Trotz allem! Dass mir, lieber Odilo, Menschen mit ausgebreiteten Armen und geöffneten Händen entgegenkommen und dass mir das Antwort ist, das kann ich für mich als schwebendes Stillstellen des Wozu erkennen. Ja, sogar als meine eigene Aufgabe auf Erden. Geöffnete Hände: Sie stehen für Erwartung, für Begegnung, für Hilfe, Segen – und Gebet. Denn das bleibt für Herz und Hirn: Dein Wille geschehe, wie im Himmel so auf Erden!

»Du weißt in diesem Augenblick nicht viel von der Welt«

Winfried Nonhoff

Über die Zeit des Briefeschreibens und jetzt auch nach dem abschließenden letzten Brief begleiten mich Johann Sebastian Bachs Kantate »Aus der Tiefen rufe ich, Herr, zu Dir« (BWV 131) und in ihr die Tenor-Arie »Meine Seele wartet auf den Herrn von einer Morgenwache bis zur andern« mit einem fast verlöschend unterlegten Choral. Schwebend inständig und ergreifend schön singt sich hier eine Antwort auf das große Wozu aus, die nichts behauptet, die aber an einer schwingenden Sehnsucht festhält. Ja, Musik und Singen sind mir Antwort, menschlich gewirkt, aber unfassbar weit herkommend ...

Wirklich ausklingen lassen aber möchte ich diesen Briefwechsel mit einem für sich sprechenden Zitat aus dem schon in einem meiner ersten Briefe erwähnten Buch Viktor E. Frankls ... *trotzdem Ja zum Leben sagen. Ein Psychologe erlebt das Konzentrationslager.* Trotz oder gerade wegen des Abgrunds an Schrecken, aus dem Frankl heraus dieses mir wegweisende Buch verfasste, erweist sich seine gelebte Antwort als Hoffnung. Mein Wunsch: Jene Augenblicke des Nichtwissens, von denen Frankl schreibt, mögen uns in ausreichendem und verträglichem Maß geschenkt sein!

»Dann gehst du eines Tages, ein paar Tage nach der Befreiung, übers freie Feld, kilometerweit, durch blühende Fluren einem Marktflecken in der Umgebung des Lagers zu; Lerchen steigen auf, schweben zur Höhe, und du hörst ihren Hymnus und ihren Jubel, der da droben im Freien erschallt. Weit und breit ist kein Mensch zu sehen, nichts um dich als die weite Erde und der Himmel und das Jubilieren der Lerchen und der freie Raum. Da unterbrichst du dein Hinschreiten in diesen freien Raum, da bleibst du stehen, blickst um dich und blickst empor – und dann sinkst du in die Knie. Du weißt in diesem Augenblick nicht viel von der Welt, du hörst in dir nur einen Satz, und immer wieder denselben Satz: ›Aus der Enge rief ich den Herrn, und er antwortete mir im freien Raum.‹ – Wie

lange du dort gekniet hast, wie oft du diesen Satz wiederholt hast –, die Erinnerung weiß es nicht mehr zu sagen ... Aber an diesem Tag, zu jener Stunde begann dein neues Leben – das weißt du. Und Schritt für Schritt, nicht anders, trittst du ein in dieses neue Leben, wirst du wieder Mensch.«

Viktor E. Frankl

aus: Viktor E. Frankl, *... trotzdem Ja zum Leben sagen. Ein Psychologe erlebt das Konzentrationslager* © 1977 Kösel-Verlag, München, in der Verlagsgruppe Random House GmbH, S. 134f

Auf dem Weg durch das Dunkel

Odilo Lechner

Immer wieder kann uns an kleinen Begebenheiten das Wozu unseres Lebens aufleuchten, auch durch Musik und Dichtung.

So ist mir in Erinnerung geblieben, wie mein Vorgänger, der berühmte Abt Hugo Lang, am 20.11.1966 sein 50-jähriges Priesterjubiläum feierte. Er hatte sich eine Messe von Bruckner für den Gottesdienst gewünscht. Chor und Orchester kamen zum Abschluss des Credo: »*Et exspecto resurrectionem mortuorum et vitam venturi saeculi*« – die Erwartung der Auferstehung der Toten und das Leben der kommenden Welt. Da wurde für uns Umstehende sichtbar, dass viele Tränen in den Augen von Abt Hugo standen – diese Zusammenfassung des Lebensziels hatte ihn im Innersten berührt.

Tief beeindruckt hat mich auch die Begegnung mit Hilde Domin, die in den 80er-Jahren einige Male in St. Bonifaz gelesen hat. Diese tapfere Frau hatte im Exil der Dominikanischen Republik, wohin ihr Mann und sie als Juden geflohen waren, zu dichten begonnen. Im Wort erstand ihre Heimat neu. »Mit nichts als unserem Atem«, heißt es im Gedicht »Salva nos«, können wir das Verschlingende beim Namen nennen. »Dies ist unsere Freiheit / die richtigen Namen nennend / furchtlos / mit der kleinen Stimme.« Hilde Domin sinniert weiter in dem Gedicht »Wie wenig nütze ich bin«: »Ich gehe vorüber ohne Spur, aber ich lasse vielleicht den kleinen Ton meiner Stimme ... und auch den Gruß der Bäume ... auf einem Stückchen Papier.« Das Gedicht endet: »Und im Vorbeigehen, ganz absichtslos, zünde ich die eine oder andere Laterne an in den Herzen am Wegrand.«

Besonders wertvoll ist mir Domins Gedicht »Bitte«. Da wird die Bedrängnis des Menschen geschildert: »durchnässt bis auf die Herzhaut«. Wir wünschen uns, davor bewahrt zu werden. Wir möchten das Schöne behalten: Aber »der Wunsch, verschont zu bleiben, taugt nicht«. Doch es taugt unsere Bitte, die in allem Ungemach sich an biblischen Bildern orientiert. Wie in der Sintflut, in Daniels Löwengrube und im feurigen Ofen der drei Jünglinge dürfen wir auf die Verheißungen Gottes vertrauen. Was immer uns auferlegt wird, es kann für uns ein Weg werden: »Immer versehrter und immer heiler«. Auch im tiefsten Dunkel führt uns ein Weg zu neuem Licht, erhellt sich das Wozu unseres Daseins. Wir können »stets von Neuem zu uns selbst entlassen werden«. Bei allem Einsatz für das Ganze der Welt werden wir dahin geführt, immer tiefer zum Geheimnis der eigenen Person zu finden, zum Wozu, zu dem der Allumfassende gerade uns berufen hat.

An den Schluss unseres gemeinsamen Wegs möchte ich Hilde Domins Gedicht »Tunnel« setzen. Ja, wir sind auf dem Weg durch das Dunkel. Wir dürfen uns immer wieder ein Wort zusagen, das aufblüht und uns geleitet.

Tunnel

Dem Andenken Virgina Woolfs

Zu dritt
zu viert
ungezählte, einzeln

allein
gehen wir diesen Tunnel entlang
zur Tag- und Nachtgleiche

drei oder vier von uns
sagen die Worte
dies Wort:

»Fürchte dich nicht«
es blüht
hinter uns her

Hilde Domin

Ein spiritueller Dialog über die Endlichkeit des Lebens

Odilo Lechner
Winfried Nonhoff

Wohin gehen wir?

Gedanken über Tod und Ewigkeit

96 Seiten, gebunden
mit Schutzumschlag
ISBN 978-3-89680-823-3

Zwei Männer – der eine in den Achtzigern, der andere gerade über die Sechzig – sprechen über das, was unweigerlich irgendwann kommt: Sterben und Tod.

Daraus entsteht ein intensiver spiritueller Dialog auf Augenhöhe über wichtige Fragen: Über die Angst vor dem Tod und die archaischen Bilder in unserer Seele. Über die letzten Lebensjahre und die Chance auf ein gutes Sterben. Und über die Hoffnung auf das Ewige, die über allem leuchtet.

Ein Buch für Menschen, die den »letzten Dingen« mit Freundlichkeit und Gelassenheit begegnen wollen.

www.vier-tuerme-verlag.de